D1674246

ギャラリー・間 叢書18

Namba Kazuhiko
The Box-Houses under Construction

First published in Japan on June 20, 2001 by TOTO Shuppan
Second published in Japan on May 10, 2003 by TOTO Shuppan
TOTO Nogizaka Bldg., 2F, 1-24-3, Minami-Aoyama, Minato-ku,
Tokyo 107-0062, Japan
Telephone : 03-3402-7138 Facsimile : 03-3402-7187
http://www.toto.co.jp/bookshop/

Planning and Editing : GALLERY･MA
Author : Namba Kazuhiko
Publisher : Masuishi Shinichi
Art Direction : Tanaka Ikko
Design : Tanaka Ikko / Ouchi Osamu
Photo : Sakaguchi Hiroyasu
Printing : DAI NIPPON Printing Co., Ltd.

Printed in Japan ISBN4-88706-199-4

難波和彦

Namba Kazuhiko　The Box-Houses under Construction

「箱」の構築

難波和彦(なんば かずひこ)

1947年大阪府生まれ。69年東京大学建築学科卒業。74年同大学大学院博士課程修了。77年一級建築士事務所界工作舎設立。96年一級建築士事務所(株)難波和彦・界工作舎代表取締役。東京大学、早稲田大学、東京工業大学建築学科講師を経て、現在、大阪市立大学建築学科教授。95年「箱の家−1」で第12回吉岡賞、東京建築士会住宅建築賞、東京建築賞、98年「箱の家−17」で東京建築士会住宅建築賞受賞。95年から始まった「箱の家」シリーズは2001年5月現在、設計中のものを含めると50戸に達している。

Namba Kazuhiko

1947 Born in Osaka, Japan. 1969 Graduated from the University of Tokyo Dept. of Architecture, Faculty of Engineering Completed Doctorate Course at University of Tokyo. Established KAI Workshop, Licensed First Class Architectural Office. 1996 Workshop incorporated, became the president of Namba Kazuhiko + KAI Workshop Co., Ltd., licensed First Class Architectural Office. Lecturer at University of Tokyo Dept. of Architecture, Faculty of Engineering; Waseda University Dept. of Architecture, School of Science and Engineering; and Tokyo Institute of Technology Dept. of Architecture & Building Engineering. Present Professor, Osaka City University Dept. of Architecture and Building Engineering, Faculty of Engineering

各ステージ、構造別竣工順に掲載

「箱」には閉じたイメージがある。しかし僕にとっての「箱」は、何もない空間が分化した初源的な場所のイメージである。もちろんそれを建築化するには、何らかの物質によって「箱」を構築しなければいけない。「箱」を場所化するには、物質を可能な限り少なく、かつ効率的に使う必要がある。「箱の家」シリーズはそのような試みとしてスタートした。初期の「箱の家」では、都市住宅としての最低限の性能を最小限の物質によって達成することを目指した。それは必然的にデザインの「標準化」をもたらした。シリーズを展開するにつれて、性能は徐々にレベルアップし、それに並行して構法も洗練され「多様化」していった。最近では性能はさらに高度化し、単一住戸から集合化へと向かっている。
「箱の家」シリーズのひとつの目標が、性能の高度化にあったことは確かである。しかしそれは最終的な目標ではない。性能の追求は新しい空間を発見する手段である。そのために時代錯誤を承知の上で、あえてモダニズムの教義である「標準化」と「多様化」というプロセスを踏んできた。次のステップは「箱の家」の「サステイナブル化」だが、それはこのプロセスの延長上に展開されるはずである。

難波和彦

The word "box" usually conjures images of closure. However, to me a box is a primary place grown out from a space where there was nothing. To make space into a building, we must utilize some kind of substance to construct a box. To turn a box into a place, the number of substances should be kept to a minimum, and what substances there are should be used effectively. My Series of the Box-Houses began as an attempt to achieve that objective. In the early stage of the Box House, I tried to achieve the basic performance of an urban house with a minimum number of substances. This subsequently led us to standardize the design and construction systems. As the series developed, the performance level increased, and this promoted a construction technology to achieve more sophistication and diversity. Recently, the efficiency of the Box House rose enough to make possible not only single houses, but also apartments.

One of the objectives of the Series of Box-Houses is to achieve a higher performance. But this is not the goal. The pursuit of higher performance is a medium of finding a new type of space. Anachronistic as the concepts might be, we dared to use standardization and diversification, which are doctrines of modernism, in the process. A step that follows this stage would be to ensure the sustainability of the Box House. This should be developed as the extension of these processes.

Namba Kazuhiko

1st stage—Standardization

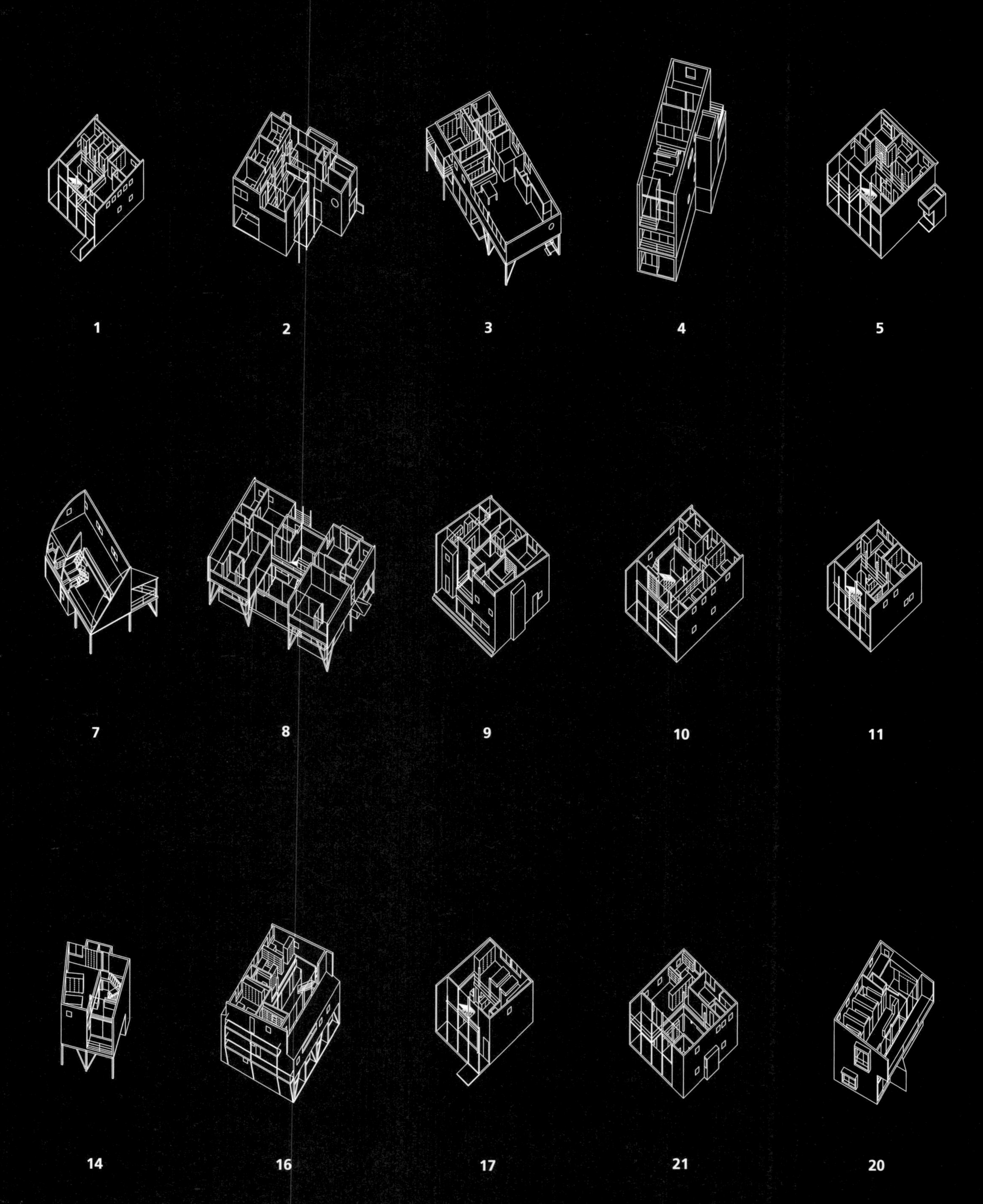

第1ステージ：標準化

「箱の家−1」は極めて特殊な条件から生まれた。都市住宅として最低限必要だと考えられる性能を、最小限のコストで達成するという条件である。そのために通常の設計では設計を大きく左右する固有条件はほとんど捨象され、都市住宅の原型的な条件だけによって空間が構築されることになった。そして「箱の家−1」の原型性は多くのクライアントに受け入れられたため、材料、構法、設備だけでなく、空間構成までが標準化された。それは以下のような「8つのプログラム」にまとめられた。

1. 立体最小限住居　**2**. 内と外に開かれた住居　**3**. 一室空間住居　**4**. 都市の自然　**5**. 構法の標準化　**6**. 持続する材料　**7**. コストパフォーマンスの最大化
8. 都市住居のプロトタイプ

第1ステージでは、このプログラムのもとにシリーズのバリエーションが展開された。採用された構造は在来木造と鉄骨造である。在来木造シリーズはローコストが最優先される場合に採用され、徹底した標準化が追求された。結果的に面積とコストの異なる3つのタイプが展開され、「箱の家−21」においてシリーズの展開に終止符が打たれた。鉄骨造シリーズはコストよりも設計条件の特殊性が優先する場合に採用された。一見すると鉄骨造シリーズの表現は多様に見えるが、モデュール、材料と構法、構造部材と構造システムはすべて標準化されている。

An extraordinary constraint constituted the birth of Box House-1. It was a requirement of achieving the basic performance for an urban house with a minimum budget. To do this, most of the factors unique to buildings, which normally control their design to a great extent, were mostly discarded. Instead, only the prototypical elements were used to create the space.
This prototype essence of Box House-1 was well received by the client, which prompted the standardization not only of the materials, construction systems and facilities, but also of the space composition. These were categorized into the following eight programs:

1. Three-dimensional minimum house　**2**. House open internally and externally　**3**. One-room house　**4**. Nature in the city
5. Standardization of the construction systems　**6**. Sustainable materials　**7**. Maximization of cost performance　**8**. Prototype of urban house

In the first stage, variations of design for the series were developed under these program. The styles adopted were conventional wood-frame and steel-frame construction. A series of wood-frame construction was adopted for price-conscious projects, and thorough standardization was performed. Three different types of floor areas and costs were developed at the end, and the series ended with the completion of Box House-21. A steel-frame construction was used when the uniqueness of the architectural conditions was given higher priority than cost. The latter series seems to have a variety of architectural expressions, but, in fact, the modules, materials, construction systems, structural materials and structural systems are all standardized.

箱の家—1

伊藤邸（東京都杉並区）
木造（在来工法）
1995年3月

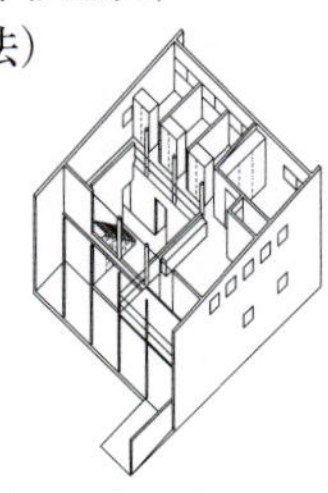

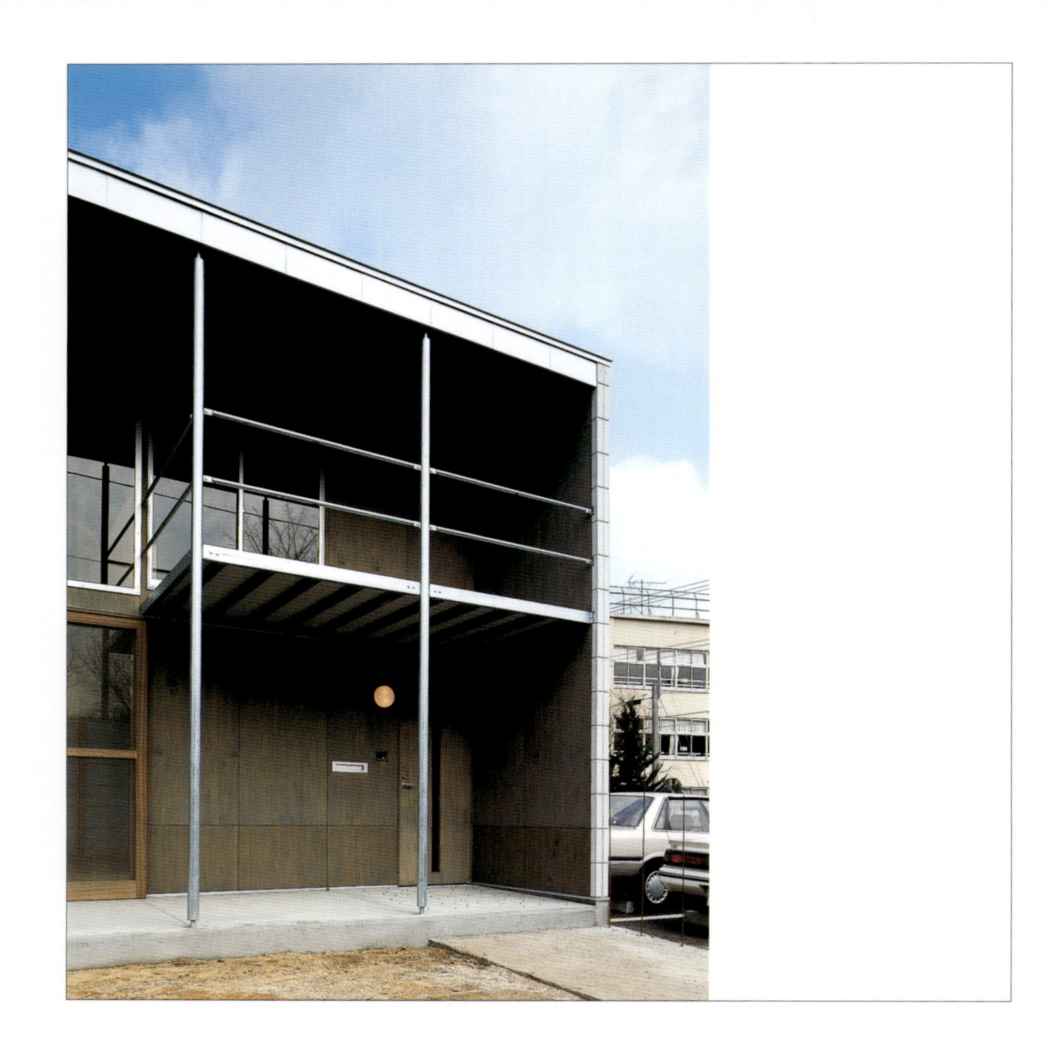

夫婦と子供3人（男2人、女1人）のための住宅である。敷地は杉並区の住宅密集地域にあり、南側に細い道路が通っている。東側は小学校に続く駐車場に面し、南側には道路を挟んで、隣家の広い庭が見える。連続住宅のモデルとして考えたので、東西の窓は最小限に抑え、南北からの採光と通風を中心に設計した。南側の緑の景色を取り入れるために、特に大きな開口を設けることにした。
平面は9m×9mの正方形で、南側の奥行1.8mを、屋根と袖壁に囲まれたテラスとしている。柱列のあるテラスは、道路側に開かれた大きな開口部と、前面道路や向かいの庭の緑とをやわらかくつなぎ、同時に、外部からの光、風、雨、そして道行く人々の視線に対して、程よいスクリーンとなっている。
居間を中心とする約100㎡の開放的な立体空間は、設計当初からの主要コンセプトであり、室内のどこにいても互いの気配が感じ取れるような一体感を生み出している。また、家族関係の図式をストレートに投影した単純明快なプランは、シンプルな形態と構造の統一を可能にしている。これらの条件は、空間に透明性を与えると共に、一方では厳しい経済的な課題への解決策ともなっている。
「単純化すること」が「豊かさ」を生み出すことになった建築だと考えている。

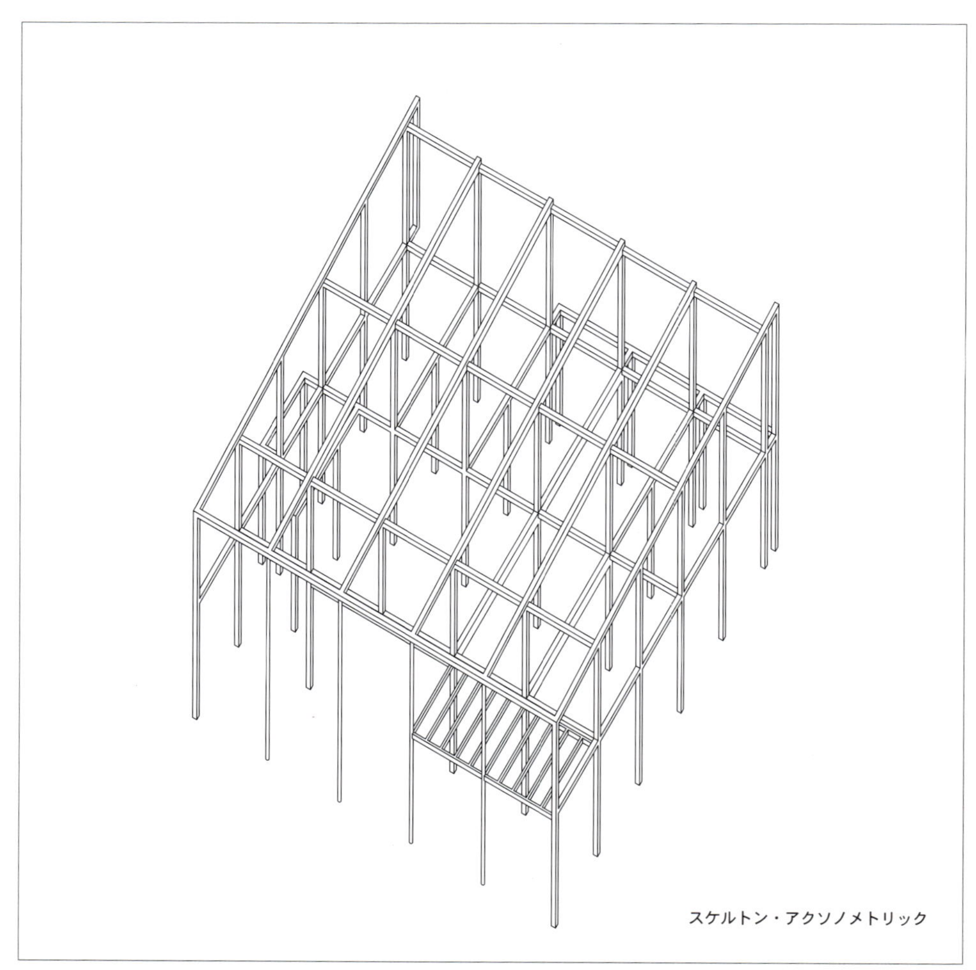

スケルトン・アクソノメトリック

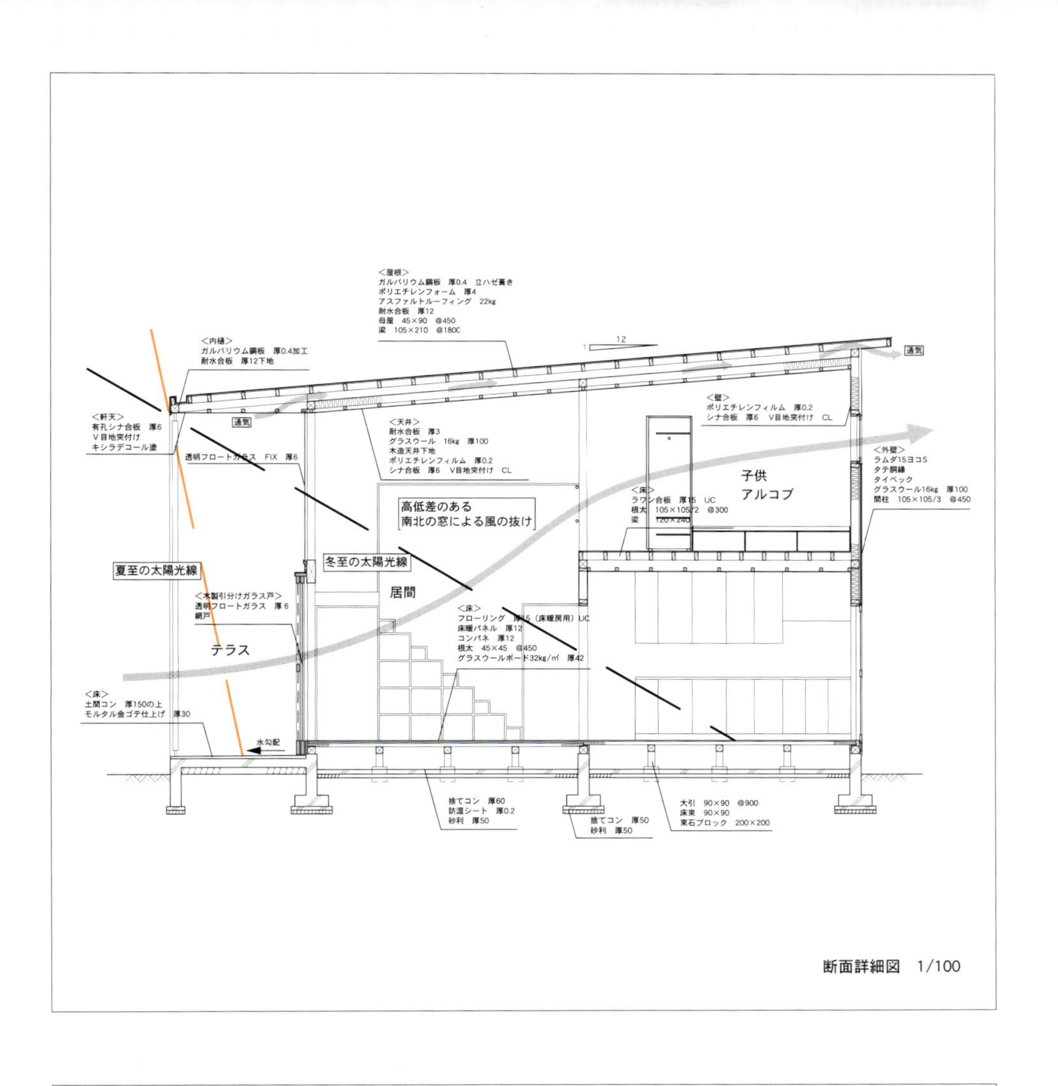
<屋根>
ガルバリウム鋼板　厚0.4　立ハゼ葺き
ポリエチレンフォーム　厚4
アスファルトルーフィング　22kg
耐水合板　厚12
母屋　45×90　@450
梁　105×210　@1800
<内樋>
ガルバリウム鋼板　厚0.4加工
耐水合板　厚12下地
<軒天>
有孔シナ合板　厚6
V目地突付け
キシラデコール塗
通気
透明フロートガラス　FIX　厚6
<天井>
耐水合板　厚3
グラスウール　16kg　厚100
木造天井下地
ポリエチレンフィルム　厚0.2
シナ合板　厚6　V目地突付け　CL
高低差のある
南北の窓による風の抜け
12
1
通気
<壁>
ポリエチレンフィルム　厚0.2
シナ合板　厚6　V目地突付け　CL
<外壁>
ラムダ15ヨコS
タテ胴縁
タイベック
グラスウール16kg　厚100
間柱　105×105/3　@450
子供
アルコブ
<床>
ラワン合板　厚15　UC
根太　105×105/2　@300
梁　120×240
夏至の太陽光線
冬至の太陽光線
居間
<木製引分けガラス戸>
透明フロートガラス　厚6
網戸
テラス
<床>
フローリング　厚15（床暖房用）UC
床暖パネル　厚12
コンパネ　厚12
根太　45×45　@450
グラスウールボード32kg/m²　厚42
<床>
土間コン　厚150の上
モルタル金ゴテ仕上げ　厚30
水勾配
捨てコン　厚60
防湿シート　厚0.2
砂利　厚50
捨てコン　厚50
砂利　厚50
大引　90×90　@900
床束　90×90
束石ブロック　200×200

断面詳細図　1/100

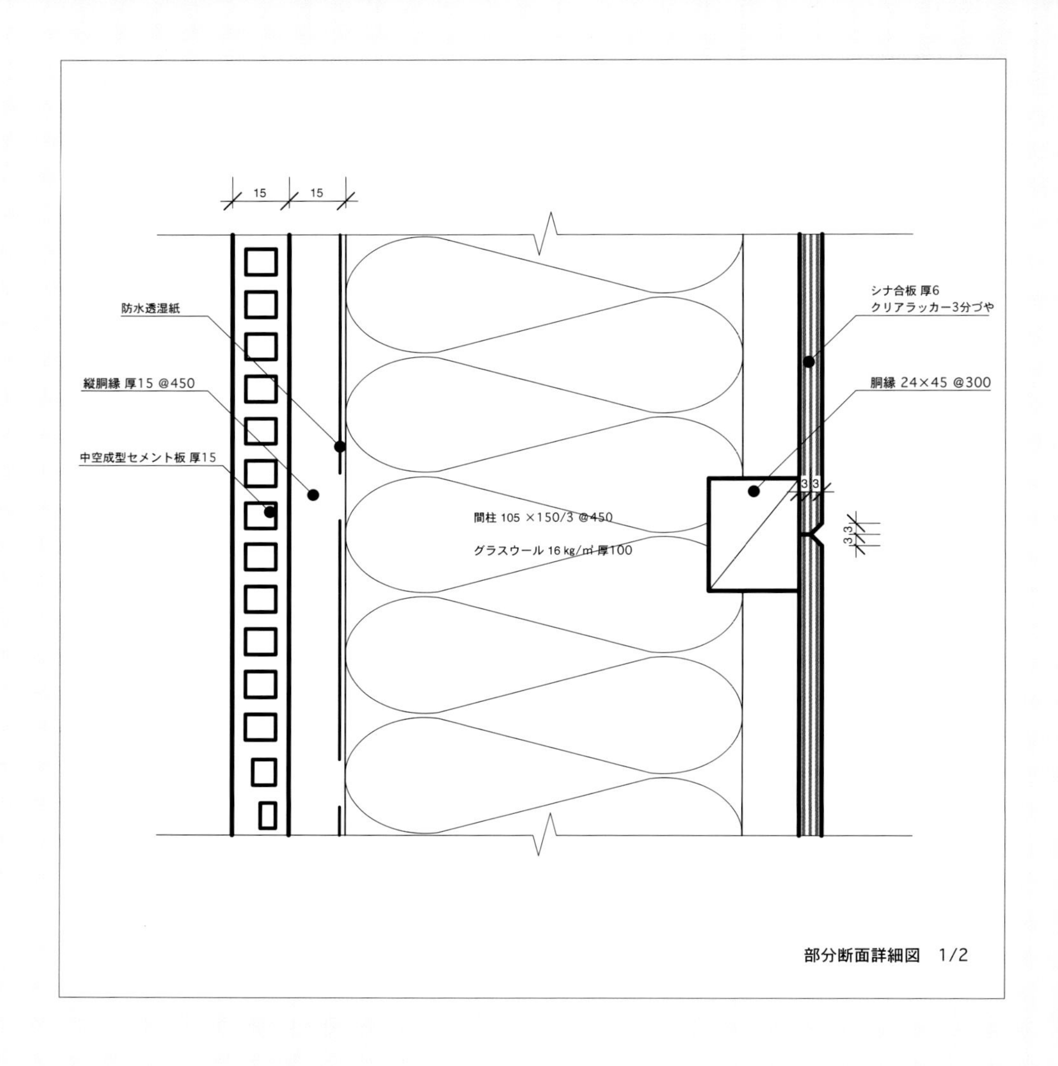

部分断面詳細図 1/2

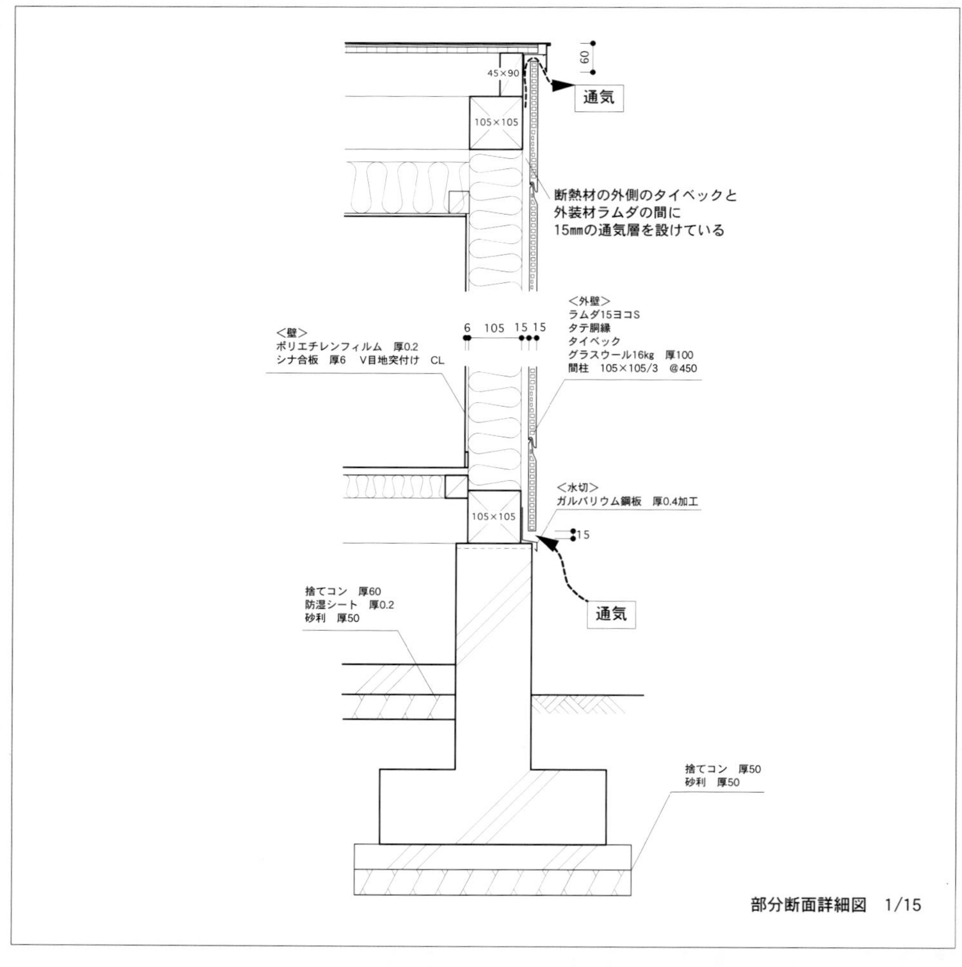

部分断面詳細図 1/15

S＝1/300
N
子供
ｱﾙｺｰﾌﾞ1
子供
ｱﾙｺｰﾌﾞ2
子供
ｱﾙｺｰﾌﾞ3
寝室
ギャラリー
吹抜
ホール
バルコニー
2F
浴室
脱衣室
台所
寝室
納戸
居間
玄関
テラス
1F

箱の家―2

尾崎邸（埼玉県与野市）
木造（在来工法）
1995年4月

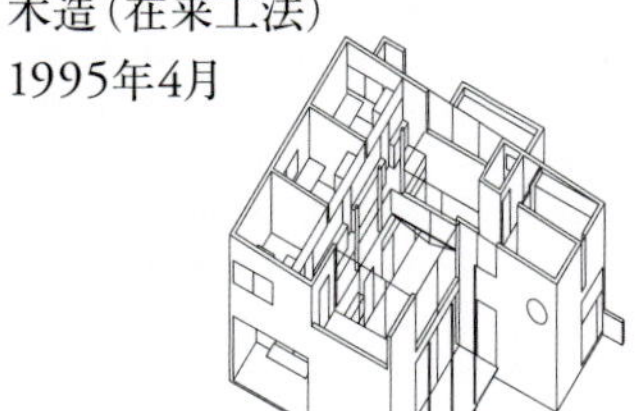

祖母、夫婦、中・小学生の子供3人の6人家族のための住宅である。敷地は埼玉県与野市の住宅地内にあり、近年再開発が急速に進みつつある地域である。東側と南側が道路に面したほぼ正方形の角地で、道路境界に沿って既存の生垣があり、これを有効に残すことが設計条件であった。全体は十字形平面で、この十字形によって生まれる4つの余白を、性格の異なる3つの庭と駐車場にしている。主要な部屋はそれぞれ3つの庭に面し、採光と通風が確保される。浴室も奥の和風庭園に面して大きな開口を取っている。

同時に、すべての部屋を中心となる吹抜け空間に向けることによって、家族間のコミュニケーションを確保している。すべての動線と視線はこの吹抜け空間に集まり、テラス、庭の生垣へと広がっている。天井をそのまま伸ばして奥行の深い庇とし、内外の連続性を高めるとともに、日射量をコントロールしている。将来、駐車場の上部に書斎を増築する予定で、ここには2階の納戸脇からアクセスできるように計画している。ローコストを実現するため、木造骨組は在来工法による基本的な構成とし、仕上げは内外装ともに単純化している。壁体の断熱、気密性能を上げるための気密シートの使用、通気層の確保などを行なっている。和室の欄間と濡れ縁の簀の子には、既存の住宅のものを再使用している。性格の異なる庭が、内部の一室空間の周りに小さな渦をつくり、その内外を元気に駆け回る子供達の声が響くような空間を実現することができたと考えている。

S=1/300
N
子供室-1
吹抜
納戸
ブリッジ
ホール
子供室-2
吹抜
子供室-3
バルコニー
2F
中庭
浴室
脱衣室
玄関
ポーチ
和室
居間
ホール
寝室
食堂
テラス
庭
台所
前庭
1F

箱の家—5

今野邸(茨城県高萩市)
木造(在来工法)
1996年10月

「箱の家-1」を発表した後、最初に依頼を受けた住宅である。夫婦と息子2人(中・高生)の4人家族ための住宅である。敷地は茨城県高萩市の市内にあり、敷地の北東側を走る前面道路の反対側には、市内バスの駐車場がある。バスが出入りする際の騒音を防ぐために、前面道路側のファサードは窓のない壁面になっている。この住宅を設計している段階では、まだシリーズとしての標準化は考えていなかった。
設計でもっとも意識したのは吹抜けのスケールであり、「箱の家-1」の見下ろすような吹抜けを、もっと広がりのある空間に変えたいと考えた。北側にある玄関から入り、天井の低い玄関室から居間に出ると、この住宅の最大の奥行が見通すことができる。階段の奥にある2階の空間は、絵が趣味である夫人のアトリエである。さらに子供が2人なので子供アルコーブの広さが確保できた点、南面のテラスが道路に面していないので浴室を庭に向けている点が、「箱の家-1」との大きな違いである。

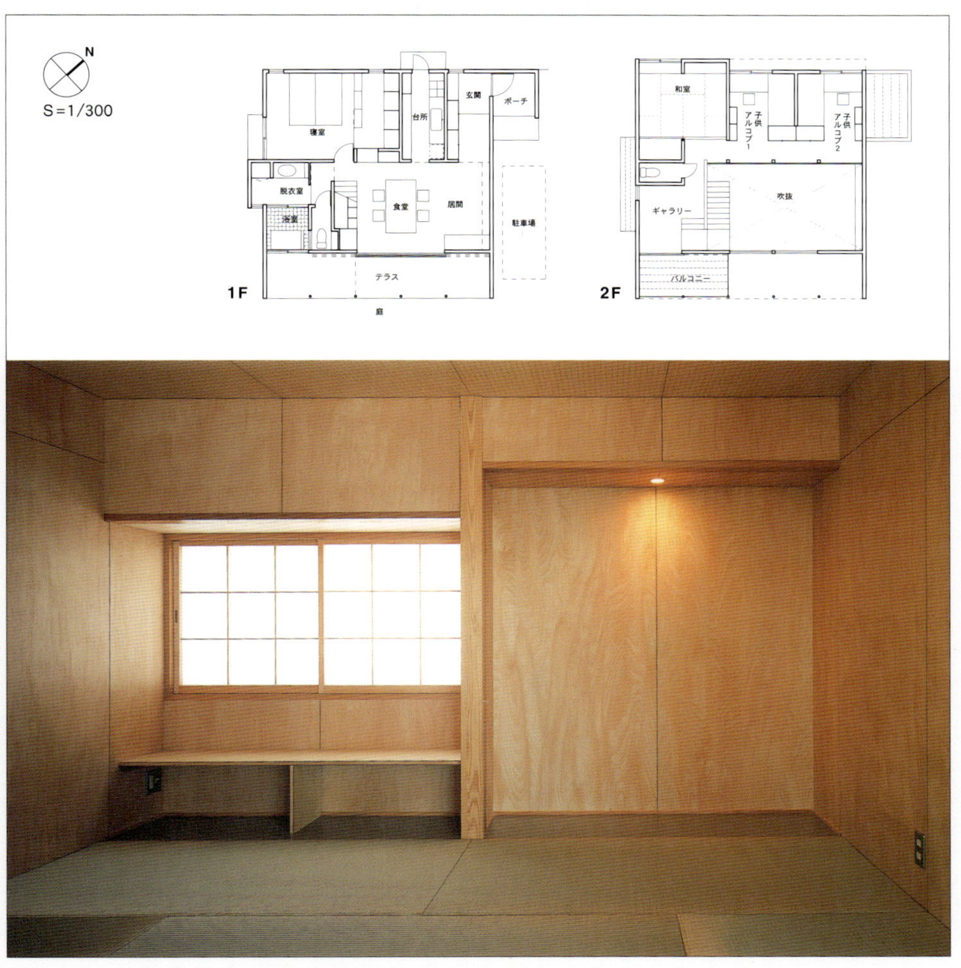
N
S=1/300
1F
寝室
台所
玄関
ポーチ
脱衣室
浴室
食堂
居間
駐車場
テラス
庭
2F
和室
子供アルコブ1
子供アルコブ2
吹抜
ギャラリー
バルコニー

箱の家—9

鈴木邸（神奈川県藤沢市）
木造（在来工法）一部RC造
1997年3月

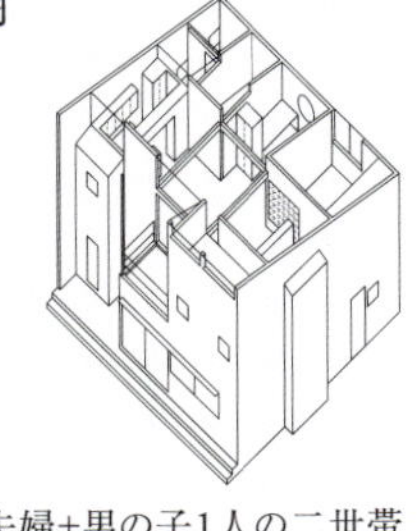

両親と息子夫婦+男の子1人の二世帯住宅である。敷地は藤沢市郊外の瀟洒な住宅地にある。敷地は小高い丘の中腹にあり、敷地と道路面にかなりのレベル差がある。このレベル差を利用して、基礎を兼ねた鉄筋コンクリート造の地下駐車場をつくり、その上に2階建の木造箱の家を載せている。既存住宅は完全に解体されたが、一部に鉄筋コンクリート造の既存駐車場があり、これを再利用することが条件であった。既存駐車場には　新たな荷重を架けることができないため、この上の建物は新たに建設した基礎から持ち出した鉄骨片持ち梁の上に載せられている。玄関は2世帯で共有しているが、それ以外は1、2階は完全に独立した住居である。この地区の建築協定によって軒高6mに抑えられているのだが、登梁の場合はもっとも高い個所が軒であるという、われわれには理解し難い役所の見解を押しつけられたため、2階に水平梁を飛ばさざるを得なかった。このために箱の家の標準的な軸組を適用できなかったのが残念である。

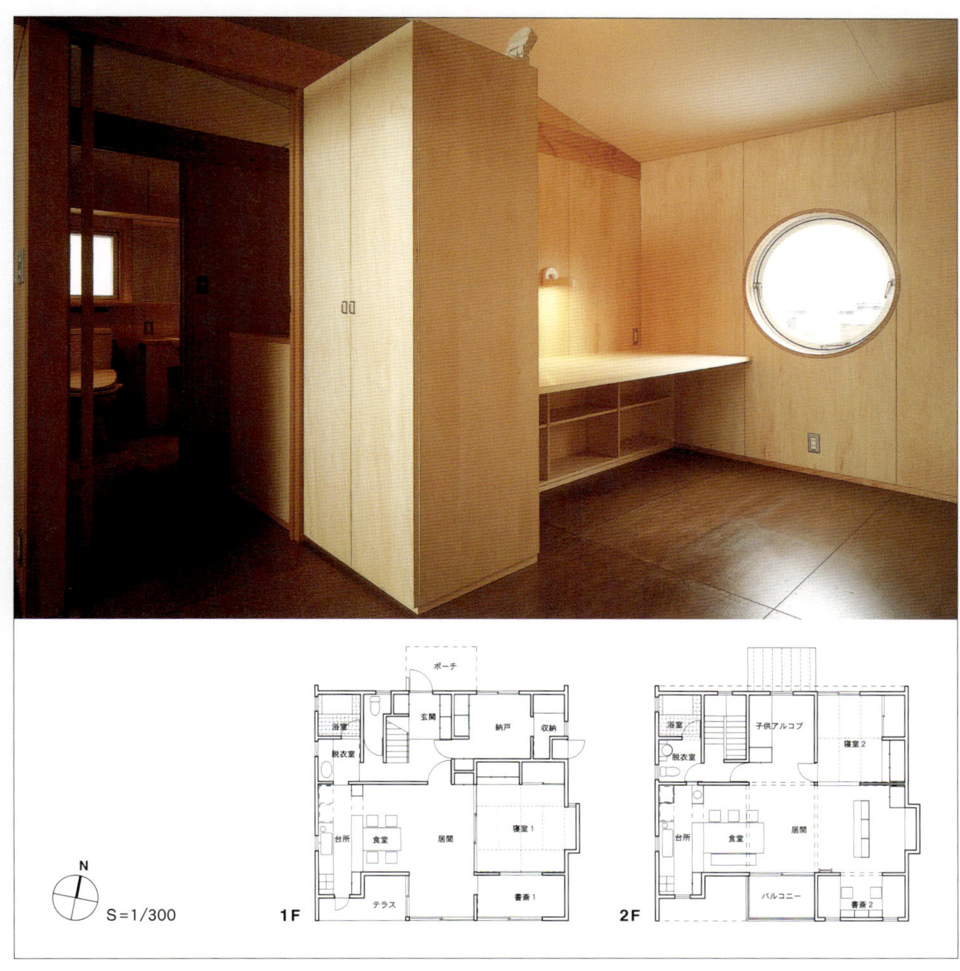
ポーチ
浴室
玄関
納戸
収納
脱衣室
台所
食堂
居間
寝室 1
テラス
書斎 1
1F
浴室
子供アルコブ
寝室 2
脱衣室
台所
食堂
居間
バルコニー
書斎 2
2F
N
S=1/300

箱の家—10

渡辺邸(埼玉県北足立郡市)
木造(在来工法)
1997年3月

夫婦、男の子1人、夫の父親の、4人家族のための住宅である。敷地は埼玉県吹上市の元荒川に沿った桜並木に面している。春先の花見をゆっくりと楽しめるような住まいを依頼された。箱の家の標準化を意識しはじめたのは、この住宅あたりからである。箱の家の標準的な間口9mを完全に取るには敷地の間口がやや狭いので、東端の1スパンを縮め1.8m×4+1.35m=8.55mとしている。縮めたスパンのゾーンが玄関になっている。間口を狭めた分の面積を追加するために奥行を1.8mのばしているので、室内の奥行は5.4m+3.6m=9.0mとなっている。1階の奥に独立した父の部屋を置き、2階に息子夫婦と子供の寝室、ホール、納戸、便所を置いている。吹抜け空間の奥行が深いので、室内の明るさを考えて、吹抜けのいちばん奥に細長いトップライトを取り付けている。階段の踊り場の脇にあるアルコーブは、ピアノ置き場である。屋根を片流れとしなかったのは、屋根の長さが立て鉤工法の限界長さを越えているからである。

N
S＝1/300

1F
テラス
アルコブ
脱衣室
浴室
居間
台所
カウンター
ベンチ
寝室 1
ポーチ
玄関

2F
吹抜
トップライト
ギャラリー
納戸
ラウンジ
バルコニー
寝室 2
子供室

箱の家―11

矢代邸（千葉県松戸市）
木造（在来工法）
1997年3月

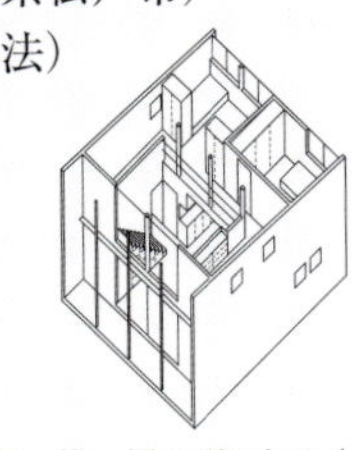

30代の若い夫婦と、幼い男の子2人の4人家族ための住宅である。敷地は松戸市内の丘の麓にある。西側には前面道路を挟んで樹木に覆われた斜面が広がり、南北は隣家によってふさがれている。従って唯一開放された東側に建物の正面を向けざるを得なかった。西側に駐車場が必要なため、東側のテラスの奥行は1.05mになっている。玄関の位置を除けば、全体の構成は「箱の家-1」とほぼ同じである。「箱の家-1」よりも一回り小さくなったのは、家族構成というより、敷地の広さとコストの制約によるものである。それでも台所、食堂、吹抜け空間が一体化しているため、空間の開放性はほとんど変わらない。夫婦寝室と水まわりが閉じているだけで、室内はほぼ一室空間である。当初は、箱の家と同程度の単価で計画していたが，住居の規模が小さくなると単価は上昇することが分かった。その理由は、相対的にコストがかかる水まわりの面積の延床面積に対する比率が高くなるからである。

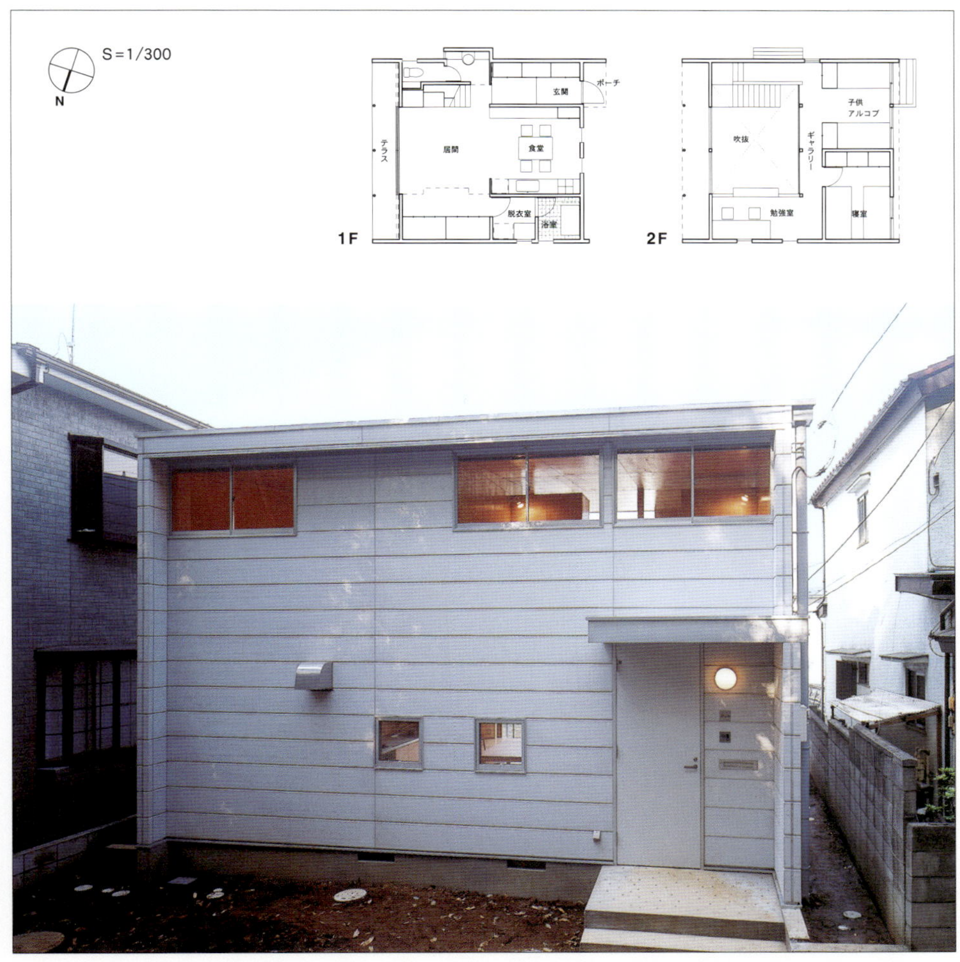
S＝1/300
N
1F
玄関
ポーチ
テラス
居間
食堂
脱衣室
浴室
2F
子供
アルコブ
吹抜
ギャラリー
勉強室
寝室

箱の家—17

山田邸（千葉県柏市）
木造（在来工法）
1997年8月

若い夫婦2人のための住宅である。クライアントに初めて会ったのは、「箱の家−1」を発表して間もない頃であったが、その時点では敷地が確定していなかった。その約1年後に、柏市郊外にある現在の敷地を購入され、計画がスタートした。「箱の家−11」と並行して設計を進め、建設も同じ業者に依頼する予定だったが、残念ながら果たせなかった。前面道路が敷地の南側を通っている点は「箱の家−1」と同じ条件であるが、屋根勾配が逆方向で、間口が1スパン分狭いために、ファサードは正方形に近くなっている。規模は「箱の家−11」とほぼ同じであるが、テラスの奥行が1.8m確保されている点と、室内が完全に一室空間である点が異なっている。夫婦だけの原型的な住まいである。

寝室
書斎
吹抜
2F
浴室
台所
納戸
脱衣室
食堂
居間
玄関
テラス
1F
N
S=1/300

箱の家—21

川島邸(埼玉県大宮市)
木造(在来工法)
1998年3月

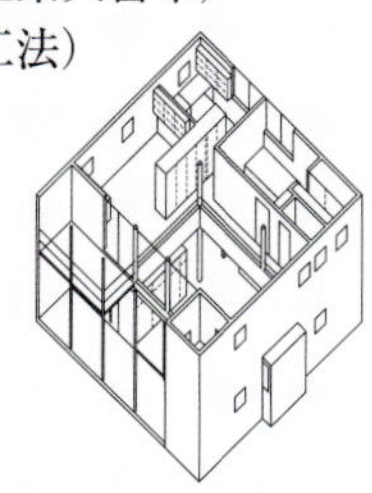

夫婦に女の子2人、男の子1人の5人家族のための住宅である。敷地は大宮市郊外の新興住宅地内にあり、現在も周辺で宅地開発が進められている。進入道路の突き当たりに位置しているため、通過交通によるプライバシー侵害の恐れのない敷地である。家族の年齢が総体的に若い点を除けば、「箱の家−1」と条件はほぼ同じである。そこでもう一度「箱の家−1」を設計するとしたら、どのような代替案があり得るかを念頭におきながらスタディを進めた。
セミオープンの台所、階段の踊り場に接する書斎は、いずれもクライアントの希望である。最も大きな違いは子供室の設計にある。「箱の家−1」では、個室アルコーブと勉強室が分離されているが、この住宅では両者は一体化され、より独立性の強い個室アルコーブになっている。これによって1階の台所、居間と子供室が南北に平行して並ぶことになり、室内空間がより整序され単純化されることになった。

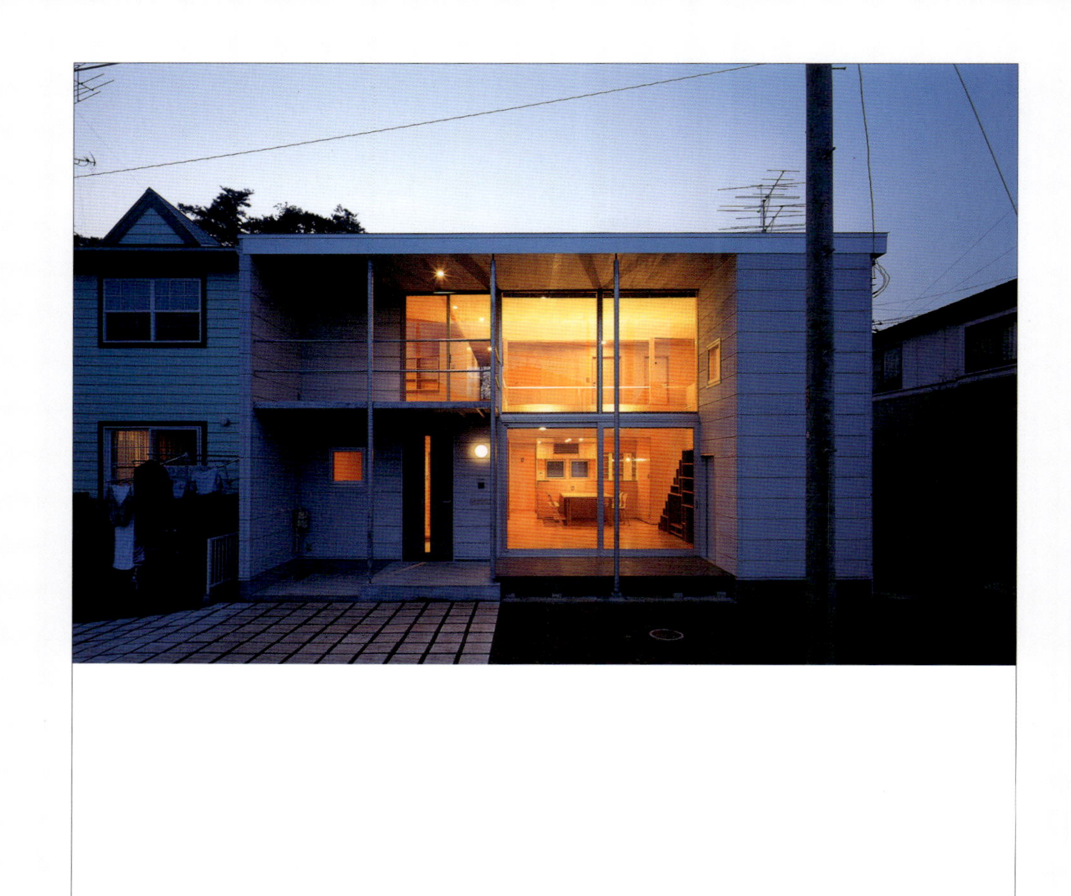

N
S=1/300
1F
台所
和室
食堂
脱衣
納戸
玄関
居間
ポーチ
テラス
倉庫
2F
子供室 1
寝室
クローゼット
子供室 2
吹抜
バルコニー
書斎

住宅産業の中の建築家

難波和彦
対談—松村秀一

クライアントの話をよく聞く建築家

難波——松村さんは早稲田バウハウススクールで、「日本の住宅産業の部品に地域性はない。だから地域に相応しい住宅などデザインできるわけがない」と主張されて、石山修武さんを挑発していましたね(笑)。『「住宅ができる世界」のしくみ』(彰国社1998)や『「住宅」という考え方』(東京大学出版会1999)でも、同じことを言われています。松村さんのように、近代建築史を生産や構法を通して捉えている人はほとんどいないので、今日は松村さんの視点で、僕の仕事を歴史的に位置づけてもらおうと思っています。

松村——難波さんは、「箱の家」に限らず、住宅を何棟ぐらいやっているんですか。

難波——実際に建ったのは50戸を切るぐらいです。

松村——池辺陽先生でいくつですか。

難波——No.96まで行きましたが、実現したのは50戸くらいでしょう。僕の方が池辺さんよりサービス精神がありますからね(笑)。単純な箱だから受け入れやすいのかも知れませんが。

松村——『箱の家に住みたい』(王国社2000)にも書いてありましたが、プレファブ住宅メーカーの設計者は1〜2年でそれくらいの数をこなすでしょう。開発担当者だとすぐ年間数百戸になっちゃう。えらい違いですね。

難波——比較にならないですね。でも彼らも本当にやりたい住宅は年に1戸か2戸なんです。それは僕と同じぐらい綿密にやっていますよ。あとはほとんど現場にも行かないらしい。

松村——それを聞いたときに、難波さんは眠れなくなったと書いていますね。それはどういう悩ましさで?

難波——戸数の差はともかく、クライアントとの対応の仕方ですね。僕はクライアントから聞き出した要求条件を取捨選択しちゃうんだけれど、彼らは会社の持っている設計マニュアルによって、要求条件を丸ごと満足させようとします。それを非常にわかりやすくプレゼンする。僕はどちらかというとクライアントの話をよく聞く建築家と言われていたから(笑)、同じ方法で勝負したらヤバイなと思いましたよ。それで方向転換したんです。

松村——それで「箱の家」に?

難波——そうですね、それがきっかけで、足し算じゃない、引き算的デザインが建築家の仕事じゃないかと考え始めたわけです。

松村——それでもプレファブ住宅はあるレベルでまとまっているんですが、ある種の工務店ではクライアントのいうことを全部聞いて、メチャクチャな家になっている場合がありますね。クライアントは部屋単位に希望を出していきますから、キッチンは超モダンで、隣に仏間があって、続き間になってソファが置いてある応接間があってというのが、何の価値判断もなくひとつの家になっている。それでもお客さんは満足しているんでしょうけど。

難波——そういう意味でいうと、僕のクライアントは満足していないかもしれない(笑)。

ハウスメーカーとの棲み分け

松村——どうも住宅メーカーや工務店をみていると、建った建物で満足を得るというより、完成までのプロセスで満足感を得られるかどうかが勝負みたいですね。建物が使いやすいとか、性能がいいというのは、住んでみてもなかなかわからない。暑いとか寒いというのは他と比べようがない。どれだけ笑顔で言うことを聞いて、やさしい言葉のひとつをかけてくれたかという引っ張り方で「ああ、よかった」と。建ったものに多少不満があっても、「あの人がやってくれたからいいじゃない」というのがポイントみたいです。

難波——建築家も同じじゃないですか(笑)。何でも言うことを聞く訳じゃないけど、完成までのプロセスは決定的です。その中でクライアントも努力しなければいけないという点は違うかもしれないけど。

松村——やっぱり似ているんですかね。

難波——ちゃんと話を聞いて、お金が足りなかったら要求条件を削るんだけど、夢を与えながら削る(笑)。「箱の家」はその究極の選択の結果です。喜びの質は違うけれど、プロセスは同じじゃないかなあ。

松村——そうすると難波さんのお仕事と住宅メーカーの仕事というのは、相手になっている人の層が違うだけで、本質的には同じであると考えれば。

難波——棲み分けですね。ハウスメーカーはクライアントの趣味の分類をしていて、どういうスタイルの住宅を勧めるかがリストになっていて、それが商品の全体のイメージ設計に結びついている。そういう販売戦略があるんですが、その中に、商売になりにくい要注意タイプのクライアントが分類してある。ハウスメーカーのトップに、僕はそこをやっているんだと指摘されました。ハウスメーカーが心配しているのは、そういうお客がだんだん増えてきているらしい。「箱の家」がどんどん増えているのは、それを証明しているわけです。だからハウスメーカーは「箱の家」を研究し始めている(笑)。

ミスマッチを起こした住宅市場

松村——確かにメインのターゲットは、比率が少なくなってきている。最近聞いたある大手住宅メーカーの話では、成約物件の17%がひとり暮らしであると。住宅メーカーは、ひとり暮らし向けに住宅なんて考えたことはない。常に家族がいて団らんがあって、3世代か核家族かは別として、とにかく家族がいる、子供を育てるというイメージでやっているわけです。そういう想定でつくっている住宅に、ひとり暮らしのものが17%出てきている。そういうのがどんどん増えてくると、誰が買うのかわからなくなってくるわけですね。

商品開発のとき、彼らはまずマーケットのターゲットを絞り、それに対していろんな分析をかけて設計を展開していく。そのターゲットがだんだん絞れなくなってきつつあるようです。そうすると大変困ったことになる。中央でつくり込んだ部分があって、それを各営業所でバリエーション展開していくわけですから、完全に自由に設計しているわけではない。中央で何をどこまで決めていいのかがはっきりしなくなってくる中で、末端にそれだけの設計力があるかというと、そんなことはない。そうすると統制が利かなくなる可能性はあると思います。

難波——ひとり住まいの人が増えるのはわかるんだけれど、そういう人が新たに住まいを求めるんですか。

松村——戸建てはそうでしょうね。マンションの話を聞いても、デベロッパーは家族向けと思って売っているのに、買っている人の2割はひとり住まいなんだそうです。誰かと一緒に住んでいるかもしれないけれど、家族とは違っている。マンションの場合、ひとりで買う人は大体女性が多いらしいんですが、そうすると名字の違う男性が一緒に住んでいる(笑)。一体何だろうかということがまだつかめない。

市場がミスマッチを起こしているわけです。家族向けにつくっているのに、ひとりで買う人が増えてきて、そうすると要らないものもついているし、一部屋であった方がいいものがいくつにも区切られている。ひょっとしたら細かく区切れていない方がいいかもしれない。そういうことが急速に起こってきている。

難波——要するに、家族がバラバラになっているんじゃないのかな。個人化しているというか。

松村——そういう人が増えている。そうすると、難波さんのやっているターゲットが主流になってくるかどうか知りませんが、少なくとも大手住宅メーカーが追いかけているターゲットは、大きくなることはないわけです。全体の着工量も減り、ターゲットのパーセンテージも減るから、倍々で効いて小さくなってくる。そうすると彼らは、誰に売りに出るかというのが難しい状況になっていると思いますね。

難波——1998年の『GA JAPAN』(エーディーエー・エディタ・トーキョー1998年31号)で、ミサワホーム社長の三澤千代治さんと尾島俊雄さんの対談を読んだんですが、そこで三澤さんは21世紀のミサワホームは「ゼロエネルギー」と「屋根のある家」—屋根がないと家じゃないそうです—と「子育て」の3本立てでいく、この3つの条件が、これからの家を建てるときのクリティカルな条件だと言っている。これは松村さんの指摘とまったくずれていますね。

松村——それ1本だとすればヤバイんじゃないですか(笑)。

難波——でも家を建てる動機は、やはり子育てだと思うんですよ。ひとり住まいの人が家をつくるというのはどういうことなのか、よくわかりませんが、何となくパッシブな感じがする。ポジティブに家を建てる動機はやはり子育てで、「箱の家」はどちらかというとそっちです。それが老夫婦のための余生の場所になったり、親兄弟の共同住宅になったりするという住み替えはいくらでもできるから、それが僕は面白いと思うんですが。

松村——基本的には吹き抜けの横にアルコーブをつくって、そこに子供がいるというかたちですね。

難波——ええ。それがないと夫婦のつながりも薄くなり、それこそ本当に別れてしまう。それでもいいとは思うんだけれど、でも子供が少なくなるから、難しいかも知れないけれど。

松村——でも日本人全部がそうなるわけじゃない。パーセンテージが減るとしても。だけど住宅メーカーは、いままでの仕事の仕方は、まず大きなボリュームゾーンに向けて、それをいかに細かく分けてピタッとくるものを売っていくかというアプローチですから、それが崩れてくると、仕組みそのものを相当変えないと売れなくなるでしょうね。そのうち難波さんのやっているようなところにも攻め込まないといけなくなって、うちも「箱の家」でやろうというのが出てくる可能性がありますよ(笑)。

難波——僕はときどきハウスメーカーに呼ばれて、設計の人に講演しているんですが、まずいですね(笑)。

わかりやすい住宅

松村——ハウスメーカーや工務店が設計・施工でやっている住宅は、基本的にパッケージですから、住まい手にとっては、わかりにくい住宅なんですね。最も典型的なのはコストの構成で、細かいコストの構成が示されても、それがどういう内容なのか全くわからないし、材料も工賃も一緒になっている。どこにどう利益がのっているかもわからないようになっていて、それをひとつのまとまりにして売ることで利益を上げる構造になっている。だから絶対にわかりやすくつくることはできない。わかりやすくするには、どこからどう利益を上げているかというのは全部明らかにしなきゃいけない。ところが、そんなすっきりした生産構造にはなっていないから、それは容易にはできない。そうすると、独立した設計者が住宅に関わることにどんな意味があるかというと、わかりやすさだけではないか。パッケージになっていませんから。材料や工事を動かすことに利益をしのび込ませる人もいるかもしれませんが、基本的にそういうスタンスではなくて、わかりやすくすることでお金をもらう形ですね。その点が決定的に違っている。できるものは一緒かもしれないけれど。独立した設計者が関わる住宅は、特にコストをわかりやすくすることが、最も強力なスタンディングポイントになると思いますね。

難波——でも皮肉なことに、コストをちゃんと押さえている建築家は少ない。僕は中間建築家だから、コストのことはちゃんと押さえていますが。

松村——中間建築家!(笑)

難波——ハウスメーカーのコストは、確かに不透明感がありますね。でも、設計の標準化やプロトタイプ化、あるいは生産の工業化は、本来はコスト構成を明解にするためだったんじゃないですか。それがどうして不明解になってしまったのか。

松村——いや、ハウスメーカーはもともと明解にすることを目的に掲げていないと思います。10年ぐらい前に、ある住宅メーカーで、コストが高い理由を分析するプロジェクトがあったんですが、ある生産部門の値段を知ろうとしても、本当の値段は社内でもわからない。工場でつくったものがいくらなのかと問うても、その部門の言い値しかつかめない。社内でもつかめない状況ですから、外に対して明らかにするなんて到底無理です。何だかんだ言っても、プレファブ住宅も結局は請け負いで、どんなに工業部品を使おうが、請負業者として契約しているわけです。基礎を含めて工場ができない部分が6〜7割はある。その仕事全体でお金をもらっていますから、そこで利益を上げればばいい。そうすると個々の値段を明らかにする必然性もなくて、全体で割安でしょう、あるいは高いけれども質は高いですよ、と言うことになる。

難波——そういうふうに厳しく追及していくと、僕らにも部品の値段はわからないですね。

松村——わからない。それが僕は一番危機的状況だと思うんです。特にビルものはそうですが、サブコンの社長さんと話をしていると、「設計者がものの値段を知らないので話にならない。一体われわれがいくらでこの仕事を請けているかを知っている設計者なんて、絶対いない。知っているのは現場の所長だけだ。それである質を要求されても、そんな値段ではできないということをわかっていてもらわないと、ものはつくれない。設計者の先生とは話ができません」というような人が増えている、バブル期以降は。

難波さんも書いていましたが、池辺先生が建築家の役割はコストパフォーマンスの追求だとをおっしゃっていたけれど、コストがわからないのに、コストパフォーマンスは語れない。パフォーマンスは何となくわかりますが、コストがつかめていなくて、説明できないのに、コストパフォーマンスの追求を建築家の役割として位置づけることはできない。ですからコストを何とかしてつかむことが必要だと思います。それがなかったら、建築家の存在価値はないんじゃないですかね(笑)。

既製品を避ける隠れた理由

難波——シビアな建築家批判ですが、そうなったのは建築部品がこれだけ工業化されて、日本中に均一に供給されるようになったのが大きい原因でしょうか。

松村——これは世界的な現象かもしれませんが、最も重大な不透明感は、同じ部品を違う値段で買っている人たちがいることです。たとえば部品を大規模発注の住宅メーカーに入れるときの単価と、工務店が買う単価は違う。同じプロなのに違う値段で買わざるを得なくて、本当は誰が何をいくらで買っているかも知りようがない世界だと、努力しろといっても、どうしようもないかもしれないですね。

だから建築誌の最近の住宅作品をみていると、打ち放しコンクリートとか、パンチングメタルとか、ちょっとしたサッシュワークとか、あるいはガラスもそれに近いと思いますが、部品として既製品化されていないものを使っているケースが——表現上の理由もあるにせよ——多いですよね。それは大手が買っていないからというのが、陰の大きな理由じゃないか。

難波——意識していないけれど、そういうものを建築家は求めていると……。

松村——ええ。ベニヤなんかだと、まだしも素材に近い。もちろんベニヤの仕入れ値も違うでしょうが、値段が買う人によってそう違わない土とか、コンクリートは典型的ですが、それで使う建築家が多いのかなと理解していたんです。たとえば石山修武さんが、アメリカから部品を輸入する理由も同じです。既製品の値段は、石山さんがどんなに頑張ってもセキスイハウスより安く買うことはできませんから、大手が買っていないところから買い付けるか、自前でつくらせるかしない限りは、打破できない。

難波——言われてみると、その通りですね。僕もできるだけ既製品でない材料を使おうとするし、アルミや集成材を構造に使うのは、構法がまだ一般化していないからですね。試験段階だといろんな試みができるし、ある程度安い値段で入れてくれる。値段も含めて、開発する面白さがあるわけですね。

松村——そうでしょうね。事実上開発していたりするわけですから。

難波——松村さんの論理でいくと、それが商品として確立した途端に、値段が思うようにならなくなり、上がってしまうんでしょうか。

松村——そうでしょう。そこは非常に難しいですね。日本は大企業体質の国だから、部品メーカーも大企業だし、大企業は大企業と取引するのがまともなんですよ(笑)。大企業が小さな企業を直接相手にする考え方はないわけですね。大企業から徐々に地域の問屋におりて、小売店に行き、結局「きみらは小売店とつき合っているぐらいのスケールの商売ですからね」ということなわけです。そこに大手の住宅メーカーがきたら、突然、小売店では相手にならないから直接ということになり、当然、流通経費もなにもかも要りませんとなる。

10数年前に、あるサッシュメーカーの工場を見学して驚いたのは、ある住宅メーカーのためだけにラインを持っているんです。横に一般サッシュのラインがあって、全国10万社ぐらいある工務店向けにつくっているサッシュのラインよりも、一社の住宅メーカーのためのラインの方が、はるかに多い種類をつくっている。値段もそっちの方が安い。それを聞いたとき、もう日本では無理じゃないかと思いましたね。

難波——松村さんが、グロピウス、フラー、イームズ、プルーヴェといった近代建築の人たちの試みを論じていても、現代の建築家については、剣持 昤さんや石山修武さんぐらいしか論じていないのは、そのせいですか。

松村——そうですね。剣持さんは徹底的にコストなんでしょうね、最後にこだわっていたことは。たぶん剣持さんがこだわっていたのは工業製品でつくることよりも、直営方式じゃないかと思います。ゼネコン不要論というのが一番の柱になっていて、住宅ぐらいのスケールであれば、ゼネコンも工務店も要らない。設計者とクライアントだけで、あとは職人さえいればできるという考え方は、コストが下がるかどうかは別として、要するにわかりやすさですね、求めていたのは。

内まで建築的な「箱の家」

難波——僕は、松村さんとは別な意味で、石山さんは池辺陽の生まれ代わりだと思っているんです。つくるものは全然違うんだけれど、住宅のつくり方に対するスタンスが似ている。

松村——僕は池辺先生のことはあまり知らないので、どちらかというと剣持さんと石山さんの関係で捉えています。石山さんのやっていることは、時代の状況を痛烈に批判していて気持ちいいですが、一般的な形で広がっていく方法論ではないですね。

難波——そうなんです。それが非常に歯がゆい(笑)。でもそれが建築家としてとり得るスタンスかもしれません。要するに正当な潮流に対する批評的スタンスですね。石山さんもたぶん僕のことをそういう目でみていて、会うたびに早く「箱の家」はやめろと言われる(笑)。もうモダニズムの時代じゃないんだからと。でも、僕には他に方法が考えられないので、やむなく拘っているんだけれど、いつも疑問に思うのはその点で、松村さんの本を読むたびに、その疑問が大きくなる。

松村——「箱の家」は非常にわかりやすいですね。コストがどうかはまた別ですが。そういう面でみると、内部まで建築的になっているのが、ちょっとどうかなと感じました。一番大きな仕事は、シェルターつまり境界をつくる仕事ですね。庇の出とか、ガラス面とか、あるいは屋外室などは、住宅メーカーではなかなか考えられない、非常に建築的な空間じゃないですか。中に入ったらもっと家具みたいになってしまうとか、パッチワークでもいいんですが、シェルターをカチッとつくる論理と違うものでいいんじゃないか。その方がわかりやすいんじゃないか。

難波——なるほど。全部すみずみまでカチッとやろうとするところが、建築家っぽいのかな。

松村——ええ、それが難波さん的なのかなと(笑)。要するにシェルターを考えている密度というか構え方と、中のシナベニアを使うトーンというか、方向も密度が同じじゃないですか。それで箱と言っているんだけれども、中も同じようにきちっとしているから—

難波——でも、全体としては、その方が安くできるんですよ(笑)。同じ職人がつくるわけだから。

松村——そうかもしれない。ただ、わかりやすさという点からすると、シェルターと境界だけ考え、あとはルーズに残しましたというぐらいでいいんじゃないかな。現実の仕事で、そんなことができるかどうかは別ですが、コンセプトとしては、そうじゃないかと思います。

難波——その通りですね。でも、なかなか言う通りにはいかない。それはお金の問題もあるし、僕はやっぱり親切だから、すぐ生活できるようにしてあげたいと思っちゃうんですよ(笑)。それと全部統一したいという美学的な欲求があるのかもしれません。

アルバート・フライの「アルミネア」

難波——松村さんは再建されたアルミネアを見られたんですよね。アルミニウムについてはどうですか。

松村——僕も難波さんと一緒にアルミニウム構造研究協議会で報告をしましたが、アルミニウムはそんな新しい材料というイメージがないじゃないですか。でも、アルミネアはカッコいいですよ。ただ、知識があって見るから感動するわけで、建築関係者でも知らない人だったら、躯体をみてそう簡単には感動しないかもしれない。丸い柱と鉄骨で非常に明快ですが。あれはヨーロッパからアルバート・フライがやって来て、初めてアルミでつくったわけですね。そういうストーリーごと感動するという感じですね。

難波——アルミネアは一応商品化というか、プロトタイプとしてつくったわけでしょう。

松村——アルミ屋さんがお金を出して、建材展示の一つとしてつくったようですね。いろんな最新の建材や技術を盛り込んでひとつの家にしてくれというような話だった。

難波——実際にアルバート・フライにお会いになったとか。

松村——会いました。本当に明るい人で、自邸の部品を指して「これはスーパーで売ってるものを使ったんだ」とにこやかに説明してくれました。やりたくてもやれることの少ないヨーロッパからアメリカに渡ってアルミネアをつくり、西海岸に来たら、さらにヨーロッパ的な概念なしにモノが流通している。そんなところで何かつくる、あっけらかんとした楽しさみたいなものを体現している人物でした。だから長生きしたんじゃないですか。僕が会ったときは92歳でしたから。前川國男さんと同じぐらいですからね。コルビュジエのところにいたときがほぼ同じころです。

彼はコルビュジエのアトリエで、ピエール・ジャンヌレがサヴォワ邸のサッシュのディテールを描く仕事を手伝ったとき、アトリエに1冊だけあったアメリカの『スイーツ・カタログ』という3cmくらいの厚さの部品カタログを真似して描いていたらしい。彼が言うには、「アメリカでは、もうそれを売っていたんだ。フランスには売っていないから、真似してディテールを描いて職人につくらせた。こんなものを売っている国に行きたい」と。それでアメリカ、アメリカと言っていたんですって。コルビュジエからはアメリカンガイと呼ばれていたらしいです。スイス人なんですけどね(笑)。それですぐ機会を捉えてアメリカに行って、90歳になっても、「来てよかった」と言っていました。「ヨーロッパに戻る気は起こらなかったんですか」と聞いたら、「とんでもない。すばらしい国だよ、ここは」って。

構法は歴史である

難波——そういう技術的な視点からアルバート・フライを発掘したのは、松村さんが初めてじゃないですか。アルミネアは『インターナショナルスタイル』(SD選書 鹿島出版会1978)に掲載されているけど、アルミ構造であることは、解説を注意深く読まないとわからない。僕はあの本で初めて知ったわけです。そういうアプローチの近代建築史は今までなかった。構法史というのかな。

松村——面白いですね。僕が何で歴史をやっているかというと、好きだということもありますが、内田祥哉先生と話をしていたとき、「最近、僕はちょっと歴史っぽいことをやっているんですよ」と言ったら、「そうだよね。構法は歴史だもんね」と言われた。先生の捉え方は、技術は極めて社会的な事柄で、ある地域のある時代にしか合理性を持たないものの連続でできているから、科学のように普遍的なものではないと。ある場所である時代こうだったから、この技術だったという理解があるだけで、昔のものをいま持ってきてもダメだし、いまアメリカで流行っていることを、日本にそのまま持ってきてもダメなんだと。構法とは常にあと付けで説明する対象だとおっしゃった。内田先生はそんなことを考えていたのかと思って驚きました。以前は、構法はもっと原理的なことなのかなと思っていたんですよ。

難波——一見すると原理的に見えるけれど、実はその時代、その地域の条件に制約されている。そういう意味では、たしかに技術は歴史的な存在ですね。

松村——歴史ですね。あるいはデザイン、開発か、どちらかですね。内田研究室の初期の頃は、ビルディングエレメント論というのがあったんです。最終的には建材の性能論に矮小化されていきますが、当時の内田研では、本多昭一さんや原広司さんが、踏み切りはBEであるかとか、そんな議論をよくしていたらしい。空間を仕切っているから、明らかにビルディングエレメントだとか。つまりモノは、空間と空間の間に入る何かであるという考え方なんです。そういった前提からスタートしているから、BEは極めて空間性を帯びた概念だった。それが壁とか床とかいうようになると、それ自体の機能が生じてきて、物理的な世界に向かっていく。そこに環境工学などの専門家が出てきて、建築物理学的な性能論としてやっていくようになった。僕としては、そんなものにはとりつく島がないから、結局は歴史をやるしかなくなってしまったんです。

難波——良く言えば、構法なしには設計は成立しないけれど、悪く言えば、いろんな研究の掃き溜めというか、何でもありの世界(笑)。でも、建築計画学の中では一番大きなストリームではないですか。

松村——とんでもない。だけど構法にも問題があって、設計の局面では構法は最終的にコストなんです。コスト条件がなければ、構法は決まりようがない。ところが構法の研究者は設計者と一緒で、コストがそんなに分かっていない。ブラックボックスですから、設計に還元しようといっても、コストそのものを論じるネタもないのが座りが悪いんです。省エネルギー用のダブルグレージングには、ドイツにこういうものがあったとか、ノーマン・フォスターがこうやっいたという情報はあるけれど、それがべらぼうなコストでつくられていることを外して、論じ合っている。

エンジニアリングウッドの将来

難波——内田研の出身者は木構造も研究していますが、木構造もまた非常に大きな問題で、いま日本の林業は危機的状況じゃないですか。これからはエンジニアリングウッドじゃないか。工業化木材に向かわない限り、日本の林業は立ち直れないんじゃないか。それも工業化木材を開発するだけじゃなくて、構法と一緒に開発すべきじゃないか。そのためには、まず根強い無垢木材神話を捨てないとだめだと思います。「箱の家」シリーズでは、いまは集成材を使っていますが、LVLも使ってみたいと思っています。松村さんは、エンジニアリングウッドの可能性をどう考えられますか?

松村——非常にあるんじゃないでしょうか。アルミの構造体の場合は、流通の体制そのものからつくり上げなければならない。サッシュ屋がアルミの構造体を組み立てるのはなかなか難しいですから、普及はきっと大変です。だけどエンジニアリングウッドは、構造用集成材の流通ルートは確立しているし、LVLだって実際に流通しているから、モノさえあれば流れていくし、買える状態にある。非常に可能性があると思います。

難波——でも既存の流通経路があるから、値段が不明解になる。僕が工場で聞いた値段と、材木屋に聞いた値段と、建築家がLVLを使った時のコストを聞くと、全部違う(笑)。

松村——だけど木材が面白いのは、取引が小口ですね。鉄だと、圧延Hを使う場合、大メーカーでつくっているものしかないけれど、木材はオーストリアからも、カナダからも入ってくるし、国内にも小さい工場が集成材をつくっていたりするので、誰から買うか選べる余地がたくさんある。しかも国際流通しているので、国内の大手が少数で支配できるような世界じゃない。だから非常に面白いんじゃないかと思いますね。

難波——初期の「箱の家」は在来木造と鉄骨造でしたが、最近、集成材とアルミにシフトしているのは、在来木造よりも集成材の方が、鉄骨よりもアルミの方が新しい構法を試みられるし、コストもクリアだからです。それは古い流通経路がないからで、クリアといっても高いのだけれど、それを何とかしたい。

コスト面では、依然として在来木造が安いし、最近ではプレカットもちゃんとして来たけれども、性能の問題や林業の問題を絡めると、どうもエンジニアリングウッドに行くしかないかなという気がしています。

松村――そうですね。そんなに手に入りにくいものでもないし、無垢材と比べても、集成材なんかずいぶん安くなってきたからみんな使っている。それでいて性能はいいし、エンジニアリング上の操作性がありますね。無垢材の場合、与えられた材の強度を見抜いて、それを上手に使いこなすことは必要で、木の方が強い。それに対応する使い方を人間が考える必要がある。でもエンジニアリングウッドの場合は、設計強度に合わせた材をつくることができる。接合部だっていろんな種類の考え方があるし、スパンも跳ばせるから、無垢材よりはるかに可能性は高いですね。

加工業者とのネットワーク

難波――そういう体制に建築家側から働きかけるというか、開発できる可能性はあるんでしょうか。松村さんの本を読んでいると、建築家はどんどん片隅に追いやられていく感じだけれども(笑)。

松村――あるんじゃないですかね。この間たまたま大分のサッシュ屋に会ったんですよ。青木茂さんが使っているサッシュ屋ですが、従来のいわゆる加工屋さんで、大手から流れてきたビル用サッシュを切断したり孔を開けたりする仕事をしていたけれど、仕事が少なくなってきたので、自分で何か仕事を始めたいと。ルートの中で、ある機能を背負わされているだけでは仕事にならなくなってきた。そこで青木さんが、こんなサッシュをつくりたいというのを、金型からつくっている。それはアルミの例ですが、材木屋さんにしても、ちょっと可能性が広がるならやってみようかという感じはありますね。

難波――スーパーサブコンがいろんな業種に手を出す話も新聞に出ていますが、それと同じですか。

松村――スーパーサブコンと呼ぶかどうかはわかりませんが、面白い技術をもった中小企業はけっこういるみたいですよ。そのサッシュ屋に聞いたら、北九州あたりでは鉄の加工屋とか、新日鉄のまわりに特殊技術を持った工場がいっぱいあるわけです。そういうところは大体仕事がなくなってきている。すごいものをつくることができるけれども、そういう工場の親父さんは大体職人気質なので、絶対に宣伝をしない。「いや何もできません」と言っているのが男らしくて(笑)、その辺は難しいけれども、そういう人はいっぱいいますと言っていました。

難波――そういうネットワークをつくってもらいたいですね。

松村――いまつくろうとしているんです、大野勝彦さんと一緒にそういう出会いの場みたいなものを。

難波――本当に必要ですね。そういう職人さんとの出会いの場が。

松村――内田先生の世代の建築家の話を聞いていると、同じ職人を使っていたりしますね。たとえば鉄の門扉をつくるときは、「銀座の○○さんのところに行ったよ」「ああ、みんなあそこでつくっている」とか。「あそこはよかったよ」という情報を小さなサークル同士で紹介し合っている。それをもっとオープンなかたちでできるはずですね。サブコンとかメーカー側も「うちはこんなことができます」とか、「この間、難波さんのこんなものをつくったんですけど、ほかにつくりたい建築家はいませんか」なんていう呼びかけができれば、そして「コストはいくらでした」というのまでできると、大変面白い。

信頼できる建築診断者

難波――大阪は東京と比べて歴史的なストックが結構あるから、僕は建築史家の中谷礼仁さんと一緒に大学の研究室で、中古の建物の再生を、構法の開発を含めてやろうとしているんですが、中古市場が今後の大きなテーマになりますね。コンクリートの建物の再利用を含めて。それが問題であることは誰もがわかっているんだけれど、僕らができること、あるいは若い人たちができることって何かありますか。

松村――難波さんがやる仕事かどうかわからないですが、基本的には診断ですよ。当然ニーズもあるだろうし、使えるストックもいっぱいあるんだけれども、それが本当にそういう仕事に結びつくかどうかの一番重要なポイントは、信頼できる診断者がいるかどうかであって、処置だけあっても、診断がなければ動かないわけです。それはお金の計算まで含めてですが、そういう相談に乗れる職種が、あるいはそういう機関が増えてくれば、動く可能性がある。それなしにいきなりはやはり動かないでしょうね。

難波――耐震診断は構造の人たちがやっていますね。構法を含めた総合的な診断は誰がやるんでしょうか。

松村――やっぱり建築士じゃないですか。住宅であれば、ある程度の知識を持っていれば、大抵の診断はできますね。コンクリートも同じだと思うんです。普通の人たちは、それが使えるものかどうかも全くわからないし、それを直したとして、いつまで使えるのかもわからない。それをクリアしてあげないと、その場所を変えるのにお金を使う気にはならないから、そこがいま一番必要なところだと思います。

難波――しかも、新築よりも安くできて、最終的にどんな性能が得られるかを含めての診断ですね。

松村――それ以外にはないでしょうね、説得力は。

難波――中古住宅やストックは社会的な問題だけれど、表現としてもゼロからつくる発想はもう限界だと思う。時間を蓄積した建築に新しいアイデアを組み込み複合させることが、これからの表現じゃないか。それが産業廃棄物や二酸化炭素を減らすことになればいいけれど、一方でサステイナブルをめざす人たちの中には、この問題をきっかけにして、エンジニアリングによる設計一辺倒に向かおうとする傾向があります。エンジニアリングは匿名的だから、個人的な発想は必要ない、建築家の独断と偏見はそろそろ終わりにしようというようなムードです。僕はエコファシズムと言っているんですが。

松村――それはまずいですね。この分野を確立するには、夢が要るんです。こんなふうになるというヴィジュアルなものがなければ、単に傷んできたものを修理するだけでは、人はお金をかける気にはならない。そもそも人間の本性に備わっているものじゃないですか、建築を建てるとか、こんな格好のものをつくるというのは。それを無視してサステイナビリティなんていうことはあり得ないでしょうね。

建築的付加価値の創造

松村――この分野はすごく可能性がありますね。たとえばルネッサンスの建築だって、ヴィニョーラがイエズス教会をやったといっても、ファサードだけです。サンピエトロ寺院にしても何人もの建築家がやっている。その方がむしろ普通ですね。ある程度ストックが出てきたら、建築の仕事はそこに価値を見出すことに向かう。更地に建物をつくらないと建築じゃないという考えは捨てる必要がある。ただ、それで食べていけるかどうかは難しいですが。

難波――それが一番問題ですね。でも最近の若い人たちも、時代の流れもあるから、そういうことを考えはじめているようですね。

松村――そうですね。渡辺篤史の住宅の番組をみていると、たとえば増沢洵自邸の改装したものに住んでいる人が出てきたり、あるいは古いダイワハウスの平屋建てを、壊さずに大改装して、まるきり変えてしまった人物が出てきたり。あれはなかなか優れていますね。

難波――それを石山さんが1等賞にしたんですよ、東京ガスの改築コンペで。あれもじつは建築家の自邸なんですよ。クライアントは奥さんです。日建の人が建て売り住宅の天井をぶち抜いて格子を吊ったり、僕も田舎で育った自分の家を改築しましたが、大変ですね。池辺邸の改築もやりましたが、お金の問題が非常に難しい。でも面白い。

松村――そうですね。ほかの国はそれで食べていっていますから、集合住宅の再生という話を講演会でやると、設計料は何%ですかという質問がよく出ます。日本でそれを考えると、新築と同じパーセンテージでは食べていけないと思いますが、たぶん診断は診断でもらえるし、設計は設計でもらえる。工事費の何%と決まっていると思いますから、そういうかたちなんでしょうかね。

松村秀一　まつむらしゅういち
東京大学大学院工学系研究科建築学専攻助教授
建築技術支援協会代表理事
工学博士
専門は建築構法、建築生産
1957年神戸市生まれ
1980年東京大学工学部建築学科卒業
1985年東京大学大学院工学系研究科建築学専攻
博士課程修了
1986年より専任講師を経て現職
1992年ローマ大学客員教授
1995年トレント大学客員教授
主な著書に『「住宅ができる世界」のしくみ』(彰国社)
『「住宅」という考え方』(東京大学出版会)
『工業化住宅・考』(学芸出版社)ほか

箱の家―3

城塚邸（東京都世田谷区）
鉄骨造
1995年11月

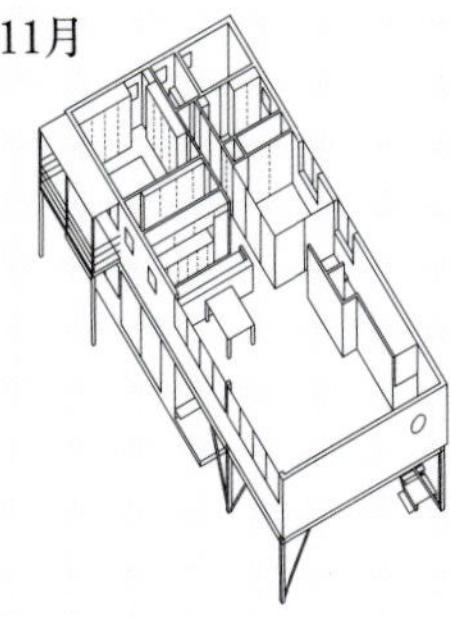

1階に両親、2階に息子夫婦が住む2世帯住居である。
敷地は世田谷区の住宅密集地の端にあり、周辺はあまり良好な都市コンテクストではないので、建物全体はヴォールト屋根を持つ、やや閉鎖的な箱としてデザインされた。
両親の住まいは、動線を単純化し、必要な空間をコンパクトにまとめた最小限住居となっている。居間、食堂、台所は1室空間で、ここと脱衣室、便所を床暖房している。
2階住戸は単純なヴォールト天井で覆われた一体的な空間である。玄関、書斎、浴室などの小空間は、ヴォールト天井から独立した閉じた箱としてデザインし、寝室、脱衣室などは透明ガラスの欄間によって仕切っている。これによって全長16.4mのヴォールト天井を見通すことができる。2階は居間、台所、書斎を床暖房している。
地盤が軟弱なので、建物を軽量化するため鉄骨造とした。2階居間にビリヤード台が設置されるので、住宅としてはやや広めの間口7.2mの単一スパン構造としている。骨組はすべて150㎜幅で統一し、89㎜φ鋼管によって偏心ブレースを構成している。これによって1、2階とも完全な無柱空間が得られた。間仕切りはすべて木造とし、将来の変更にもフレキシブルに対応できるように考えた。
ヴォールト天井は、長さ7.2m、幅2.1mの曲面ユニットを工場製作し、これを現場でボルトで組立てた鉄骨シェルである。このシェルにキーストンプレートを架け渡し、その上に断熱材を挟んだ木造下地を組み、ガルバリウム鋼板で屋根を葺いている。これによって、シェルを構成する鉄骨部材とキーストンプレートを露出させた繊細な天井が実現できた。

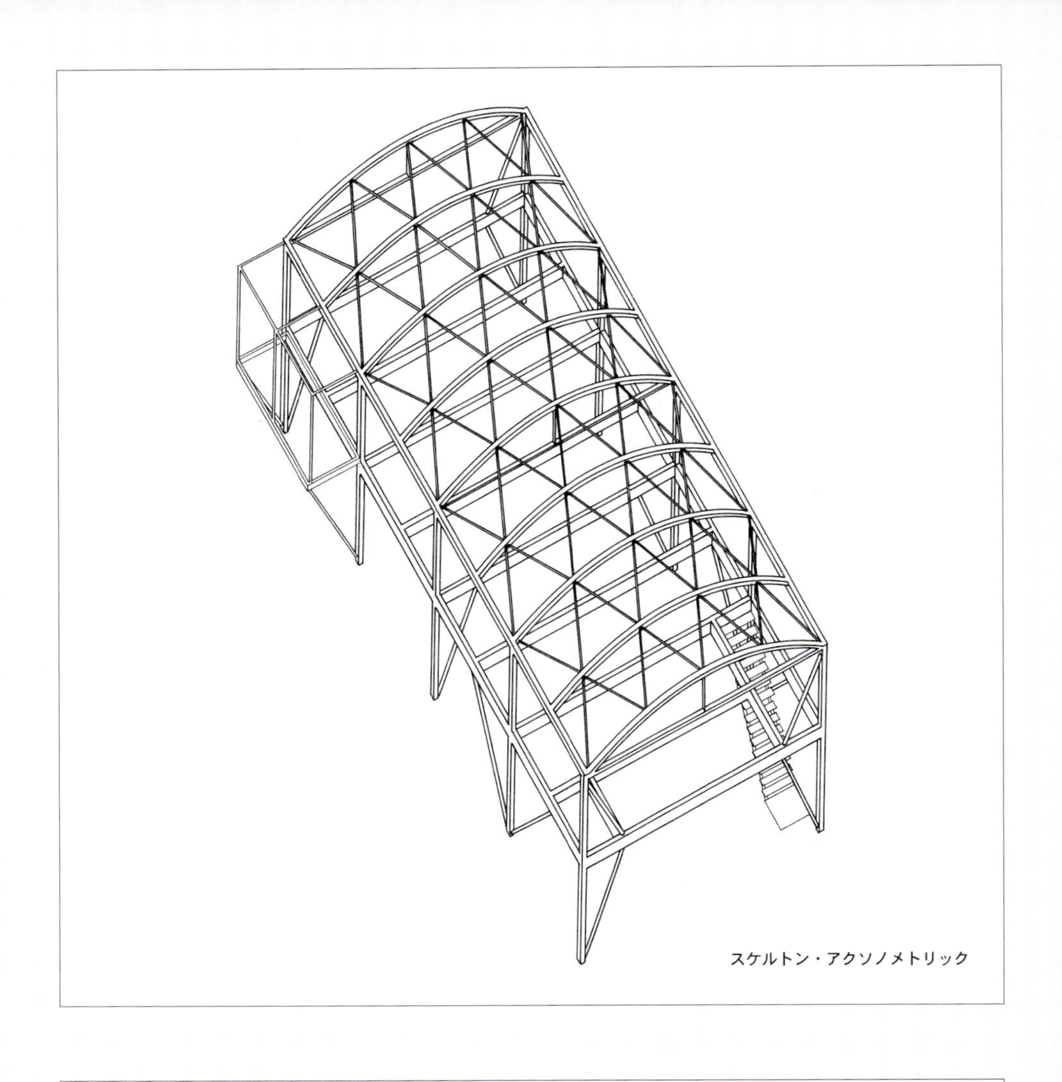
スケルトン・アクソノメトリック

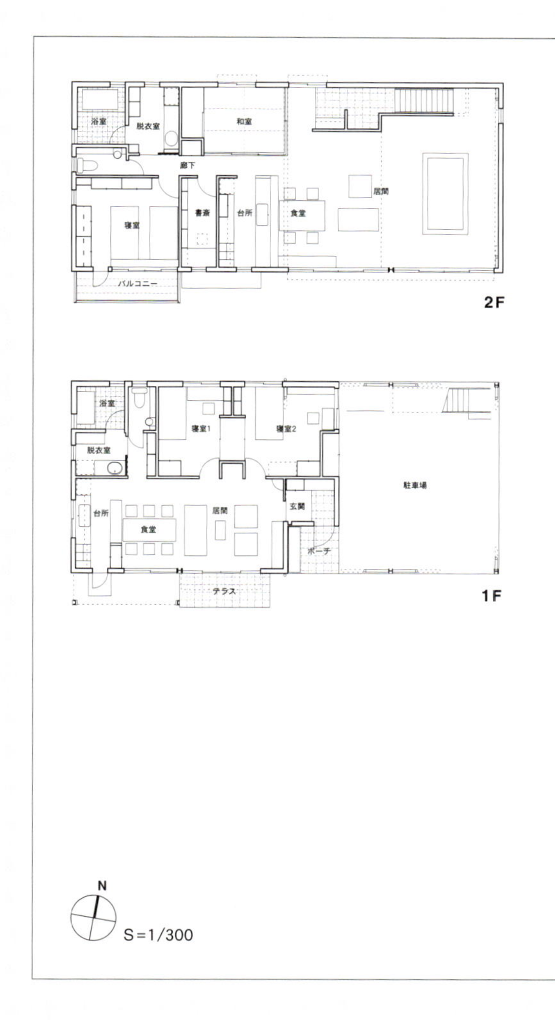
浴室
脱衣室
和室
廊下
居間
寝室
書斎
台所
食堂
バルコニー
2F
浴室
寝室1
寝室2
脱衣室
駐車場
台所
居間
玄関
食堂
ポーチ
テラス
1F
N
S=1/300

箱の家—4

原邸（東京都墨田区）
RC造+鉄骨造
1995年11月

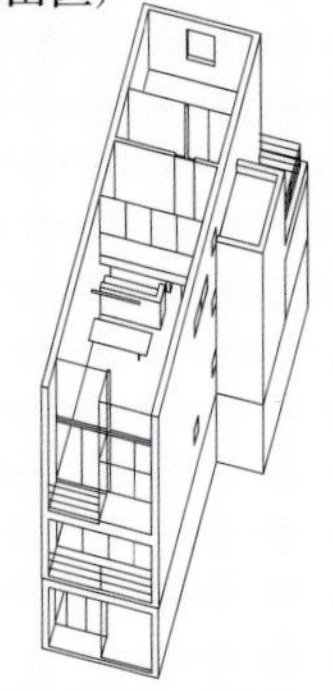

中低層ビルが建て込んだ両国の密集地域に建つ住宅である。敷地は間口が狭く奥行の深い南北に細長い形で、南北が道路に面している。家族構成は祖母、夫婦、子供2人の5人家族で、祖母と夫が身障者であるため、エレベーター、通路の間口、水まわりの広さ、手摺などの条件を考慮することが要求された。1階はテナントスペースで、住居は2、3、4階にあり、それぞれ独立した玄関を持っている。
身障者である祖母と夫は、生活の大部分をこの住宅で過ごすことになる。そこで町家風の奥行の深い空間内に、いかに自然の光と風を取り込むかを第一に考えた。これは建物中央に配置した階段室を、採光と通風のための縦穴とすることによって解決されている。階段の踏板はグレーチングとして、光と風を通りやすくした。これによって4階屋上の窓から採り入れた自然光を、2階の浴室まで届けている。建具は開け放しても邪魔にならないように、できるだけ引戸とした。
軟弱地盤なので建物を軽量化する必要があったが、テナントの種類によっては住居の生活環境が侵される可能性もある。したがって2階床までは鉄筋コンクリートのトンネル構造とした。住居部分の2、3、4階は、軽量化のため鉄骨造としている。
法規制から耐火構造が要求され、鉄骨を耐火被覆する必要があったが、道路に面したファサードを主構造から切り離し、カーテンウォールとすることによって、一見すると鉄骨造のような表現をつくり出している。外部に面する鉄骨は、すべて亜鉛どぶ付けメッキ仕上げとし、メンテナンスフリーを図っている。

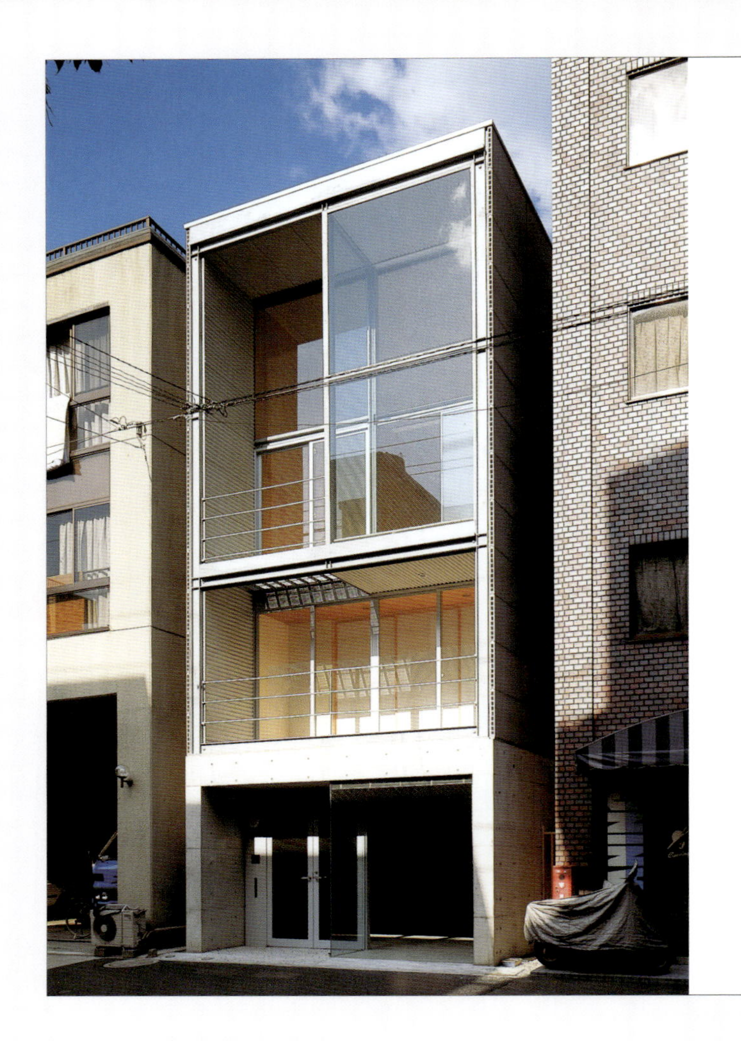

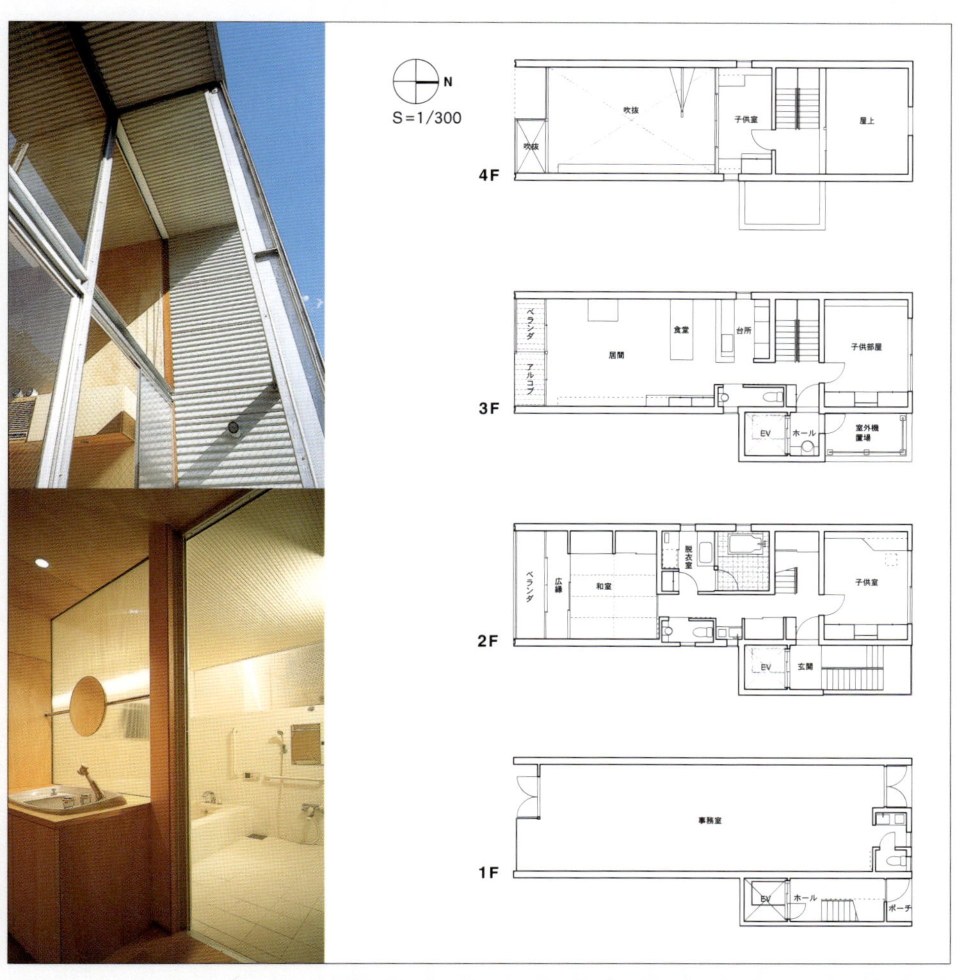

N
S=1/300
4F
吹抜
子供室
屋上
3F
ベランダ
アルコーブ
居間
食堂
台所
子供部屋
EV
ホール
室外機置場
2F
ベランダ
広縁
和室
脱衣室
子供室
EV
玄関
1F
事務室
EV
ホール
ポーチ

箱の家—7

神保邸（東京都小平市）
鉄骨造
1997年8月

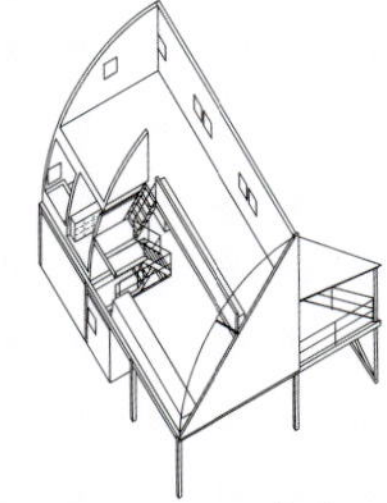

夫婦+小さな子供4人のための住宅である。敷地は東京都小平市郊外の住宅地にある。周辺に建物が建て込んできたため、5年程前に新築された住宅を建替えることになった。子供達のために明るい居間を確保すること、共働きの夫婦のために2台分の駐車場を設けることが主要な設計条件であった。
敷地は西側を道路に面し、南北に狭く東西の奥行の深い形をしている。主要な居室は、南からの採光を十分確保するため2階に持ち上げた。そして2階より上をスパン5.4mの半径の4分の1円弧の断面にすることによって、北側斜線をクリアし、2階の家族スペースと3階の子供室を、吹抜けを介して緩やかにつなげ内部空間を一体化するという、外と内からの要求を同時に満たしている。家族スペースは居間、台所、浴室、階段などを5.4m×10.8mの矩形にコンパクトにおさめ、南側の一辺3.6mの直角三角形のバルコニーと連続している。3階の子供室は、コストダウンと子供の成長に合わせた要求に対応するためフレキシブルな一室空間とした。
構造は桁方向3.6m×3=10.8m、スパン方向5.4mの偏心ブレース付ラーメン構造である。バルコニー先端の足元にある偏心ブレースは建物後方の偏心ブレースと対になってスパン方向の横力を受ける主要な構造要素である。4分の1円弧の屋根は、外断熱することでキーストンプレートやブレースなど構造材を仕上材として一体化し、空間をやわらかく覆っている。

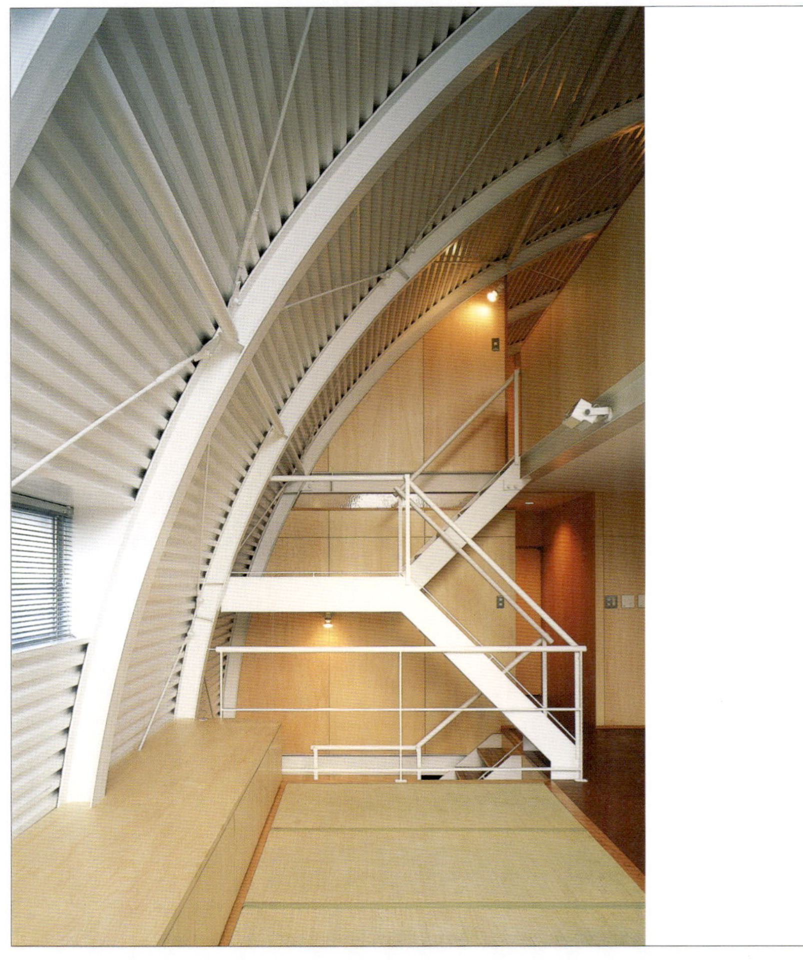

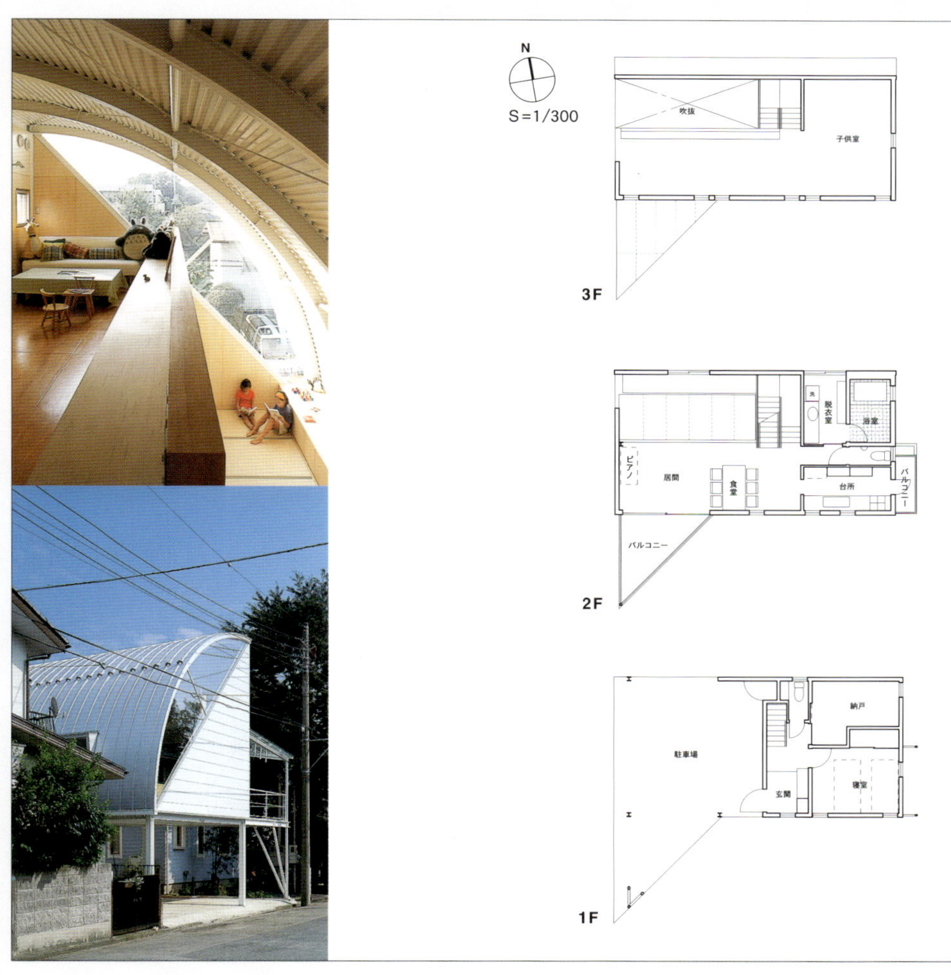
N
S=1/300
吹抜
子供室
3F
洗
脱衣室
浴室
ピアノ
居間
食堂
台所
バルコニー
バルコニー
2F
納戸
駐車場
寝室
玄関
1F

箱の家—8

F邸（東京都）
鉄骨造
1997年6月

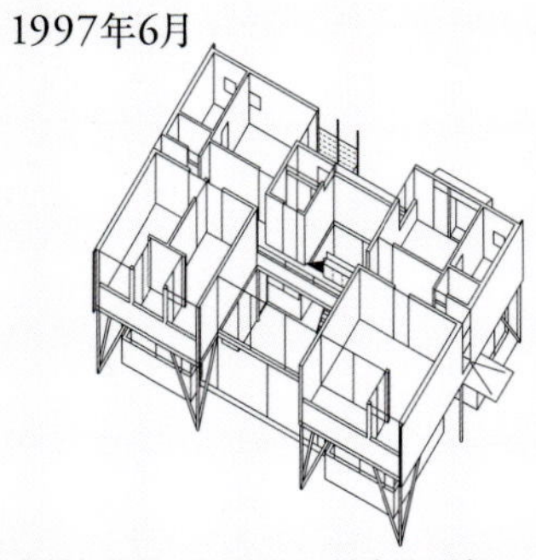

夫婦と子供2人、それに将来の両親の同居を考慮してつくられた住宅である。敷地は都内の住宅密集地域の角地で、西・南側に幅が狭く交通量の少ない道路に面している。建主の希望で以前この敷地にあった住宅とほぼ同じ位置に建物を配置した。そのため南側の庭の樹木は大部分を残している。1階の廊下北側は、クローゼットと家事室、予備室等、廊下南側は食堂・居間などの共用スペースで、居間との境界は造付け家具と中空ポリカの戸で、緩やかに仕切っている。その戸を空ければ共用部分が一体となるようにし、また庭に向かって共用部分と居間吹抜けを解放的にした。それに対し2階部分はやや閉鎖的で、部屋1～5を配置し、廊下とギャラリー上部に長さ16.2mのトップライトを設けている。ギャラリーと居間が左右に分節された各スペースを結びつける中心となっている。構造は鉄骨造で5.4m×5.4mのグリット上に柱が立ち、全体で16.2m×10.8mの平面的な大きさを持つ。1階軸組は偏心ブレース構造、2階はブレース構造+ラーメン構造である。2階を支える柱と偏心ブレースは114.3㎜φのスチールパイプで、1階の外壁は2階よりも内側に配し、柱と偏心ブレースは全て外部に露出させた。間仕切り壁は全て木造で将来の変更に対応可能である。開口部は全てペアガラス、個室等部分的には遮音シート等を使用し、性能の向上を図っている。

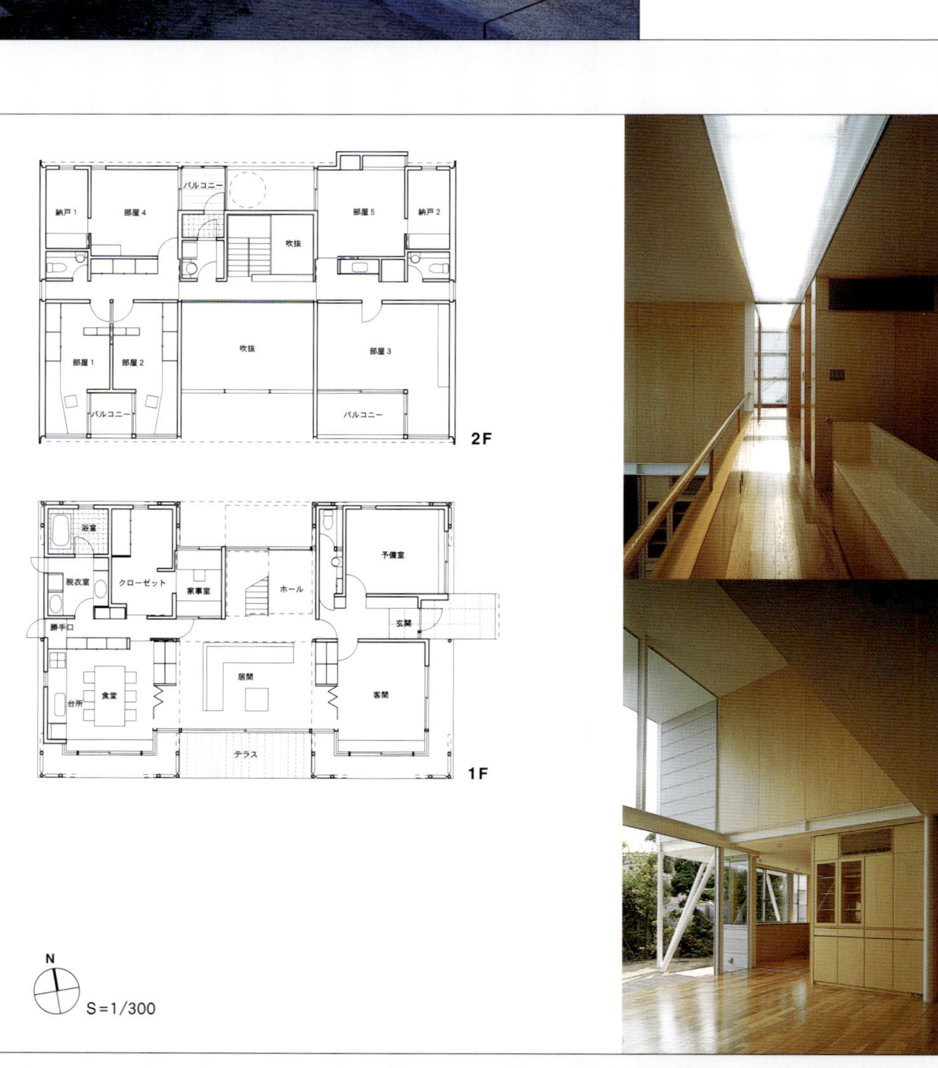

箱の家—16

吉田邸（東京都大田区）
鉄骨造
1997年9月

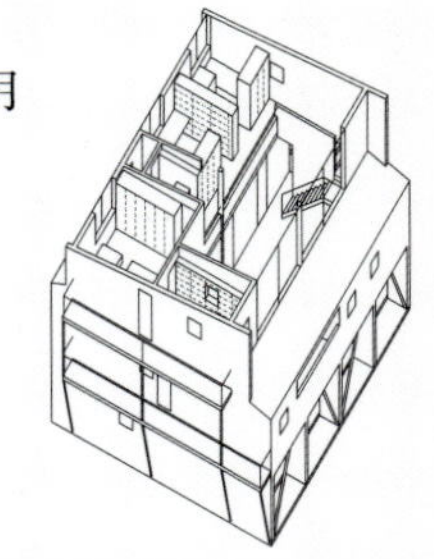

1階に賃貸アパート4戸、その上に2階建ての住宅を載せた3階建ての建物である。家族構成は祖母と夫婦、男の子2人である。敷地は大田区の住宅密集地域にあり、北側に通過交通のない幅の狭い私道が通っている。敷地内にいかに有効にアパートと住宅とを配置するかをスタディした結果、共用部分が最小限で、各住戸が直接道路に面した長屋形式を採用することになった。
1階アパートは2.7m×8.1mの南北に細長いプランで、北側に玄関・水まわり、南側に居室を置いている。南面を全面開口とし、その外に奥行0.9mのテラスを設けている。2、3階の住宅は南側の吹抜を中心とし、2階に台所、和室、祖母の寝室、3階に子供アルコーブと夫婦の寝室を置いている。子供は子供アルコーブを、夫人は台所の南にアルコーブを、主人は3階寝室横に書斎を、そして祖母は寝室内にアルコーブを持ち、家族各人が自分のスペースを持っているのがこの住宅の特徴である。吹抜けは3.6m×9.0mの大きさがあり、上部の高窓は7.2m連続している。
建物を軽量化するため全体を鉄骨造とし、スパン方向1階は偏心ブレース構造、2、3階はラーメン構造、桁方向はブレース構造となっている。構造体の柱は建物中央部の他は外壁側にある。地耐力がN値ゼロに近いため、摩擦杭によって支持している。鉄骨は外部をサイディングで包み込み、内部に露出させている。大開口部にはペアガラス、住戸間の界壁には遮音シート・吸音断熱材等を使用し性能を向上させている。

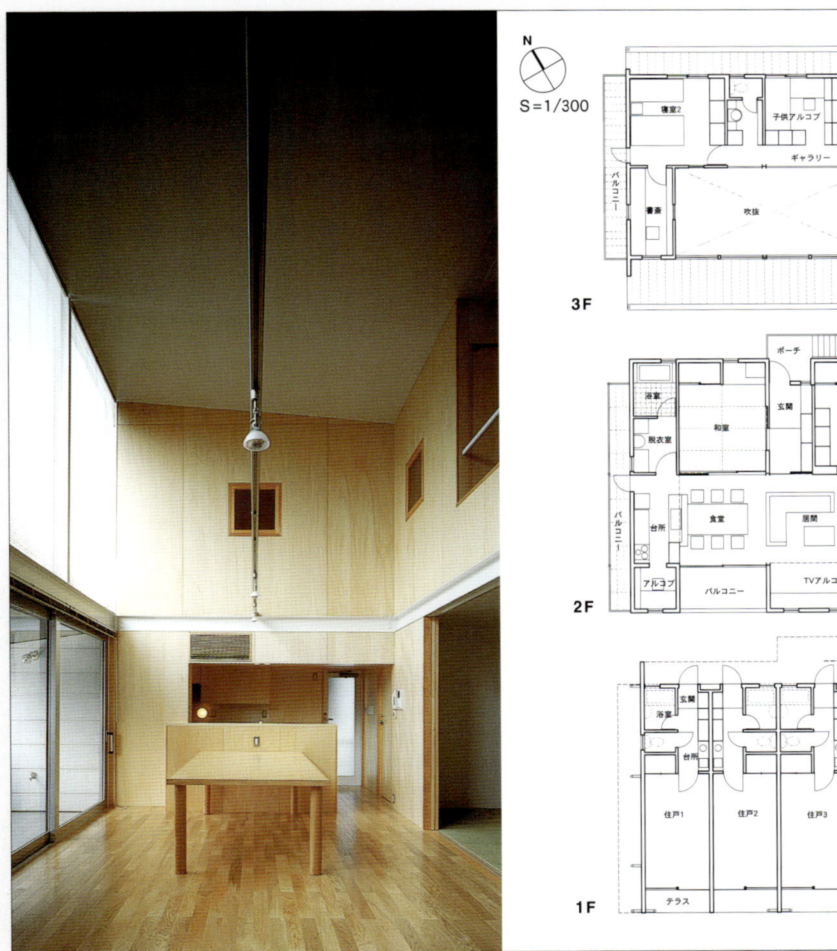

箱の家—14

新井邸（埼玉県入間市）
鉄骨造
1997年7月

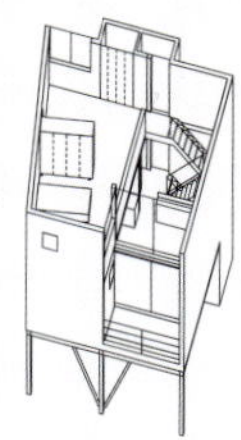

若い夫婦と幼い男の子のための住宅である。敷地は入間市の中心部に近く、高層マンションがすぐ近くに迫る住宅密集地域内にある。商業地域内の角地なので、建物高さ、斜線、建蔽率などの法的制限は緩やかだが、敷地の広さ、予算、要求条件の関係によって最小限の住宅となった。隣家に住む両親の車を含めた2台分の駐車場と、南側の共有の庭を確保することが条件だった。駐車場に必要な間口5.4mの無柱空間と庭のスペースは、鉄骨造3階建てにすることで確保することができた。1階ピロティを駐車場とし、2、3階を住まいとしている。居間の南側を、庇のある奥行1.8mのバルコニーとし、そこに面する窓だけを大きなガラス面とした。それ以外の開口は最小限にしている。通常閉じている脱衣室もオープンにし、便所と浴室、収納以外は、完全な一室空間である。
敷地形状により平面形は箱の家としては唯一の台形になり、通常の3.6m×5.4mの鉄骨構造モジュールは3.0m〜3.9m×5.4mに変形されている。スパン方向は偏心ブレース付きラーメン構造、桁方向はブレース構造である。建物全体を軽量化するため、主空間である2階床板だけをデッキプレートコンクリートスラブとし、3階床板と屋根はデッキプレート下地の木構造とした。コストを抑えるため、2、3階の階高は2.34mと低いが、内部空間に面する鉄骨部分を全て露出にすることで、最大限の天井高を確保している。

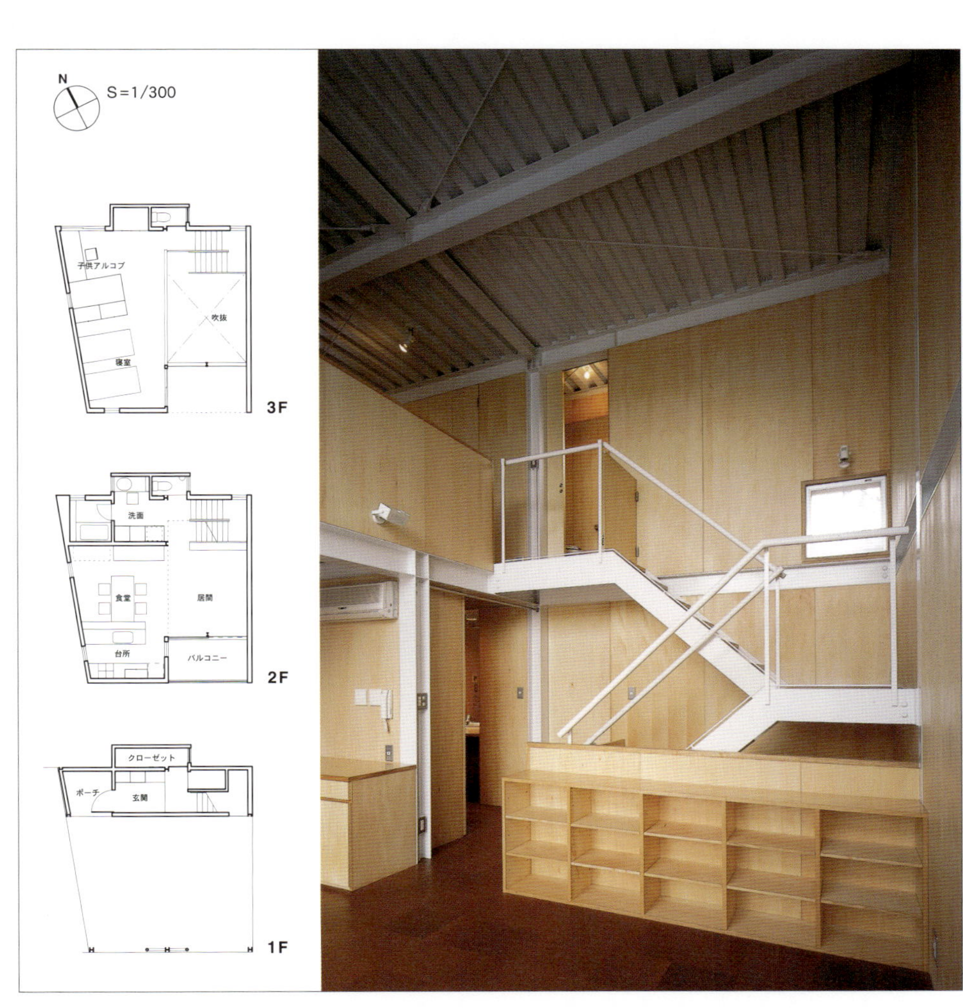
N
S=1/300
子供アルコブ
吹抜
寝室
3F
洗面
食堂
居間
台所
バルコニー
2F
クローゼット
ポーチ
玄関
1F

箱の家─20

秋山邸（埼玉県浦和市）
RC造+鉄骨造
1997年10月

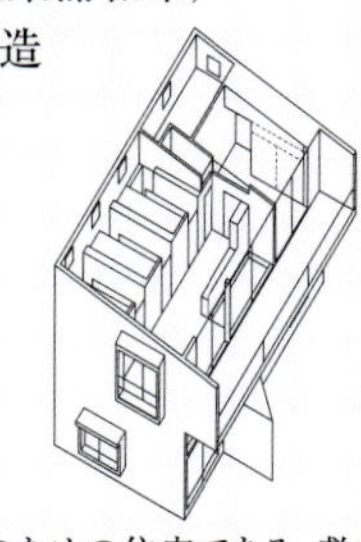

夫婦と子供3人のための住宅である。敷地は浦和市内の閑静な住宅地にあり、東側を幅の狭い道路に面している。平面の大きさは5.4m×10.8mで、「箱の家−7」と同じ形だが、立体的な形と空間構成は全く異なっている。1階は半地下の地上部分を利用してスキップフロアとしている。台所・水まわり・食堂を地階RC上の同一レベルに置き、居間とのレベル差は90cmに抑え、水平方向の空間の一体感を損なわぬようにした。採光が東側道路からしか期待できないため、動線の中心である玄関ホールと吹抜け階段を道路側に置き、ここに光を集めた。食堂・台所はこの階段室に向け、中空ポリカの引戸を通して光を採り入れている。
2階はホールと子供室を合わせて子供のスペースという考え方で、子供室の間仕切りは最小限にした。子供室をコンパクトにまとめるため、傾斜天井を利用してベットをロフトにしている。10.8m連続するバルコニーが2階の空間に広がり与えている。
地階部分は鉄筋コンクリートの壁式構造である。その上に鉄骨フレームを載せている。スパン方向は偏心ブレース付ラーメン構造、桁方向はブレース構造である。道路斜線をクリアしロフト側の天井高をとるため、西側の軒高を高くしている。鉄骨は内部に露出し、2階の梁と天井デッキプレートはそのまま奥行1.5mのバルコニーに連続している。
屋上には建主の強い要望でデッキが設置され、シンプルな箱の中に6つの床レベルのある変化に富んだ空間ができあがった。

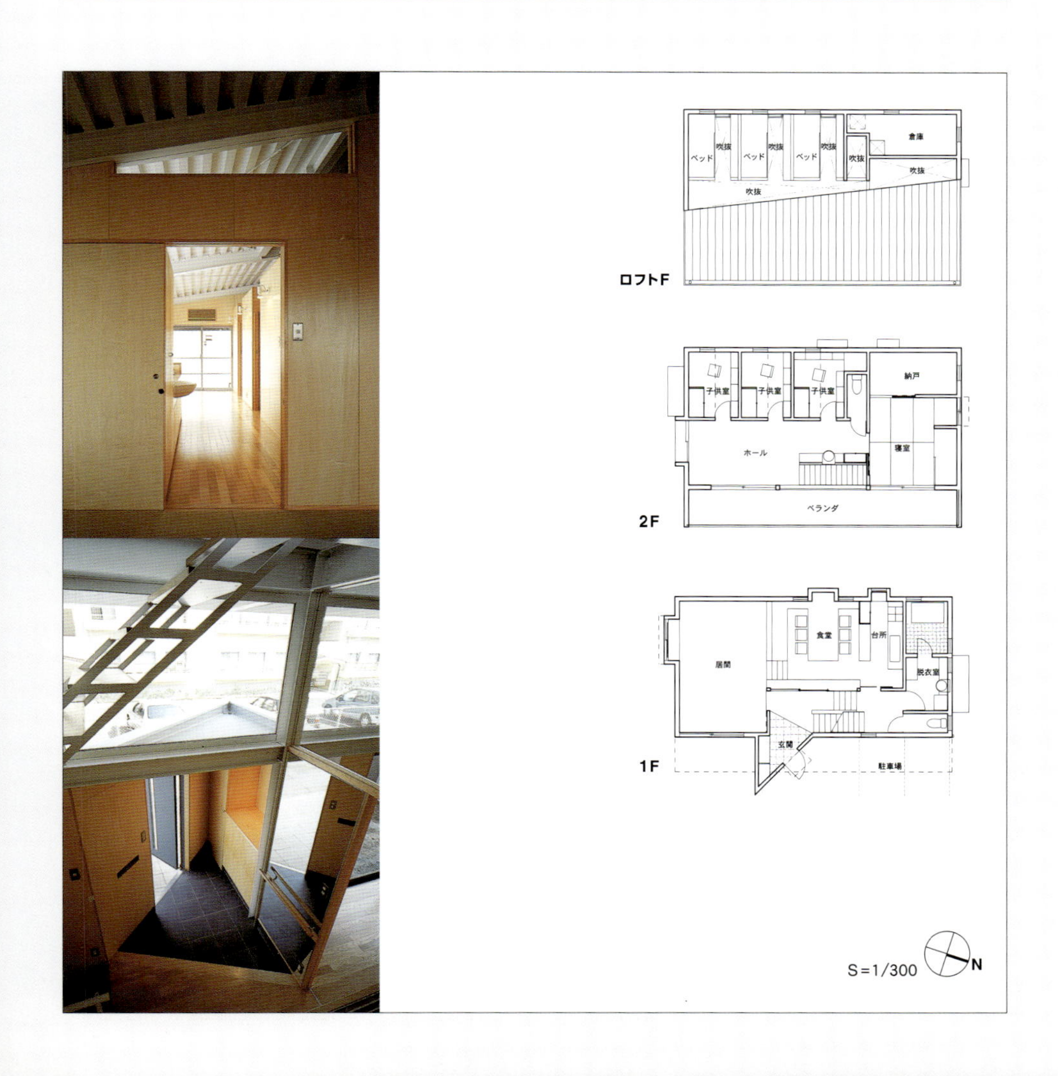
ベッド
吹抜
ベッド
吹抜
ベッド
吹抜
吹抜
倉庫
吹抜
吹抜
ロフトF
子供室
子供室
子供室
納戸
ホール
寝室
ベランダ
2F
食堂
台所
居間
脱衣室
玄関
駐車場
1F
S=1/300
N

2nd stage—Differentiation

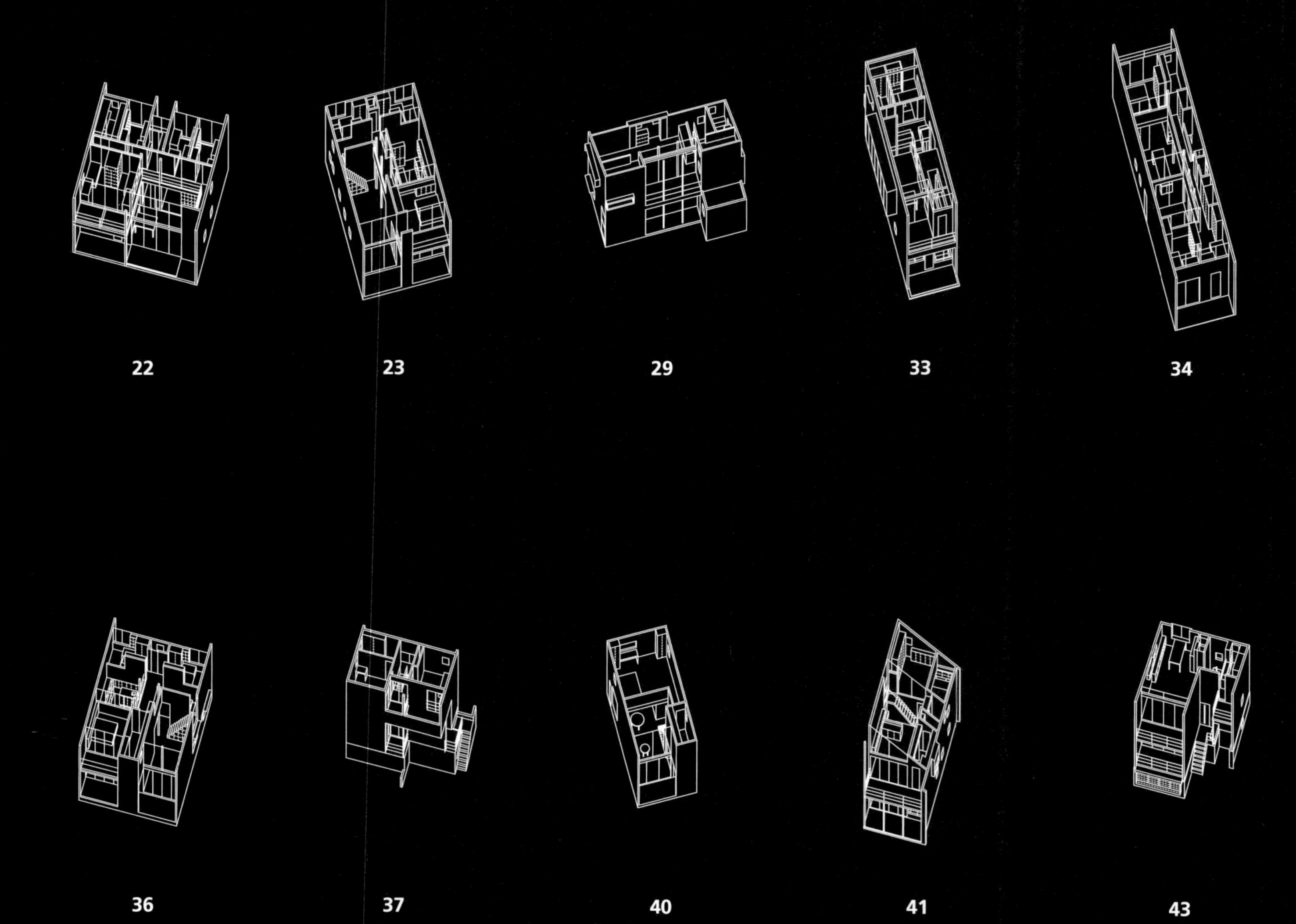

第2ステージ：多様化

第2ステージでは、それまでの在来木造と鉄骨造シリーズに、新たに集成材造シリーズが加わり、プランニングにおいても敷地条件や家族構成に応じて、さまざまなバリエーションが追求された。仕上げや構法はよりチューンアップされ、高性能化していった。第1ステージから第2ステージへの転換を明解に示しているのは「箱の家−22」である。これは在来木造シリーズで追求された標準プランと、鉄骨造シリーズで追求された構法とを合体させたものである。
第2ステージは構造システムのバリエーションを追求した段階だといってよい。
「箱の家−23」は在来木造だが、屋根は完全な陸屋根なので傾斜構造材がなく、構造システムは今まで以上に単純化されている。材料の強度を確保するために、すべての構造材に集成材を使用した点も第1ステージと異なっている。鉄骨造シリーズ「箱の家−22」においても、これまで以上に単純な鉄骨造システムを追求した。H形鋼150mm幅シリーズを使っている点は第1ステージと同じだが、床・屋根スラブを構造フレームの見付幅内に納め、フレームだけでファサードを構成している点が大きく異なっている。さらに柱脚を基礎に埋め込み、構造的に固定することによって柱の数を最小限に減らしている。これまでの鉄骨造シリーズと同じように、構造部材はすべて露出している。こうした条件によって建物全体がよりコンパクトにまとまり、空間が引き締まったように思う。集成材造シリーズでは、SE工法（構造家の播繁氏が開発したシステム）を使用している。これは柱・梁の接合部に特殊な金物を使用することによって半剛節軸組構造を実現し、建方作業を合理化した工法で、在来木造に比べて壁量が少なくて済み、フレキシブルな一室空間をつくることができる。鉄骨造に近いシステムだが、自重が軽いために基礎を簡便化できることと、鉄骨造の宿命であるヒートブリッジができない点に特徴がある。「箱の家−33」は間口4.5m、「箱の家−34」は間口5.4mだが、屋根は1スパンで架け渡し一室空間を実現している。モデュール寸法は柱間隔と同じ1.8m×5.4m（4.5m）で、内部間仕切りは小梁のピッチ90cmに合わせて自由に配置している。SE工法では耐力壁に構造用合板が使われるが、通常は骨組の外側に張るのに対し、「箱の家」では骨組の内側から張っている。その理由は、外側に張ると構造合板の内側で結露が生じ、結露水の逃げ場がなくなるからである。

In the second stage, a new series, incorporating glued and laminated materials, was added to the conventional wood-frame and steel-frame construction series. In planning, various styles adapting to site conditions and family make-up were explored. Finishing and construction methods were more "tuned" to achieve higher performance. Box House-22 symbolizes the transition from the first to the second stage, as it was a marriage of the standardized plan developed for the conventional wood-frame construction series and the construction method tried in the steel-frame construction series.
The second stage can be described as the time in which I explored a variation of structural systems.
Box House-23 was built using a conventional wood-frame construction, but no slope materials were used because it had a deck roof. The construction system is more simplified, as always. To ensure that the materials had enough strength, laminated materials were used for the structure frames, which differentiates this stage from the first stage. The steel-frame construction series, Box House-22, pursued an even more simplified steel-frame structural system. As in the first stage, the H-section steel, 150mm-width series was used, but the concrete slabs of the floor and the roof were kept under the aspect width of the structural frame, which allowed the frames alone to compose the facade of the building. This was a big departure from the first stage. Moreover, the column base is embedded in the foundation and fixed structurally to keep the number of columns to a minimum. In the same manner as the preceding steel-frame construction series, all structural materials are exposed. I think these factors contributed to making the overall building more compact, and to tightening up the space. The SE construction method (developed by Japanese architect Ban Shigeru) is used for the laminated material construction series. In this method, the specific steel-joints are used to connect the columns and girders, make semi-rigid joints and rationalize the composition, which requires a smaller volume of walls than conventional wood-frame construction, and thus enabled us to create a flexible one-room space. This system is close to a steel-frame construction, but because of its light weight, its base can be simplified, and a heat-bridge, which all steel-frame constructions are destined to have, can be avoided. Box House-33 has a road frontage of 4.5m, while Box House-34 has 5.4m. However, both have a one-span roof crossing over the one-room space. The size of modules is 1.8m×5.4m (4.5m), the same as the column spacing, while the internal spacing is free, adjusting to the 90cm pitch of the beams. In the SE construction system, structural plywood is used as the bearing wall. In the Box House, the plywood is applied inside of the frames, instead of according to the conventional method of application on the outside of the frames. This is because, if applied on the outside, morning dew would not be able to drain.

箱の家—22

T邸（埼玉県川口市）
鉄骨造
2000年2月

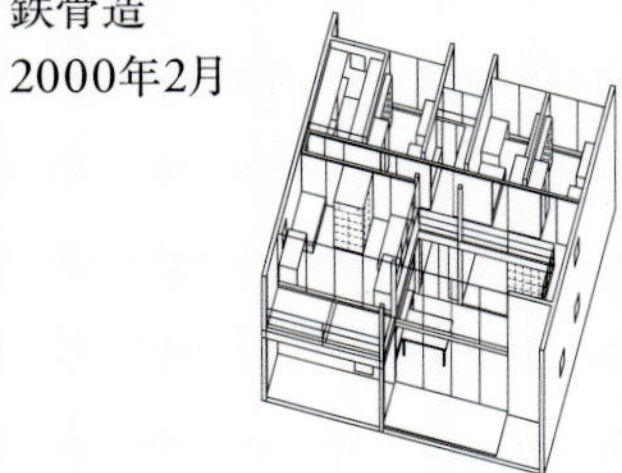

夫婦と小学生の女の子3人の5人家族のための住宅である。敷地は川口市郊外のあまり建物が建て込んでいない住宅地にあり、四方を植木畑に囲まれている。敷地面積は100坪と広く、南側には十分な庭を、西側には2台分の駐車場が確保できた。法的制限が緩く特殊な設計条件もないため、コスト面で可能な限りの規模で鉄骨造の屋根を架け、その内側に必要な内部空間を確保し、軒下に最大限の外部空間を抱え込む構成とした。平面は木造シリーズの展開型である。1階に居間・食堂など家族の共有部分、2階には吹抜けに面して家族5人各々のスペースを均等に配置した。二人の共有部分を持つ南側の寝室は、必ずしも夫婦単位の部屋ではなく、将来の状況で子供と入れ替わることも想定している。構造は、スパン方向はラーメン構造、桁方向は妻壁をブレース構造としている。柱脚を基礎に埋め込み構造的に剛とすることでブレースを減らし、特に南北面の開口を大きく取ることができた。居間とテラスを含む6.6m×5.4mの開放的な無柱空間も可能となった。鉄骨の軽快さが増すよう、梁成の内に構造材から仕上げ材までを納め、スラブの厚みを抑えている。鉄骨造の構法的標準化を試みた住宅である。

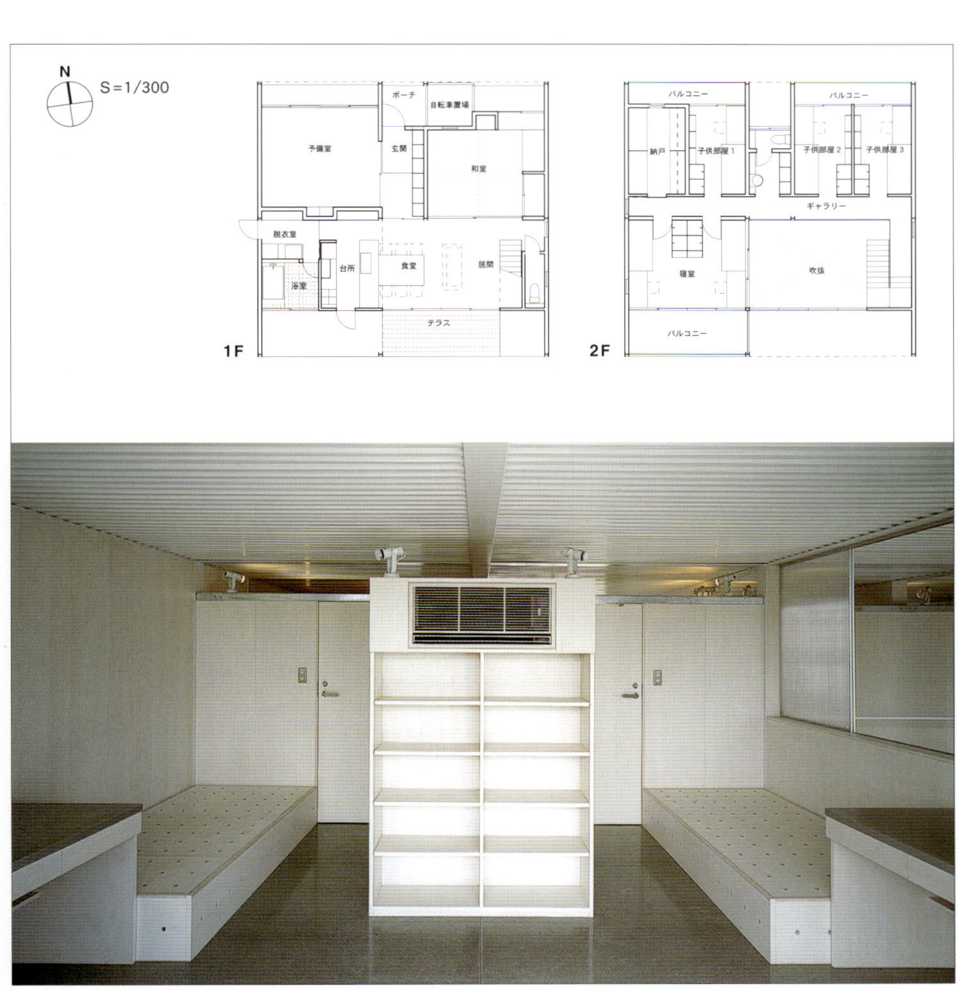
N
S=1/300
ポーチ
自転車置場
予備室
玄関
和室
脱衣室
台所
食堂
居間
浴室
テラス
1F
バルコニー
バルコニー
納戸
子供部屋 1
子供部屋 2
子供部屋 3
ギャラリー
寝室
吹抜
バルコニー
2F

箱の家―23

大森邸（神奈川県鎌倉市）
木造（在来工法）
1998年10月

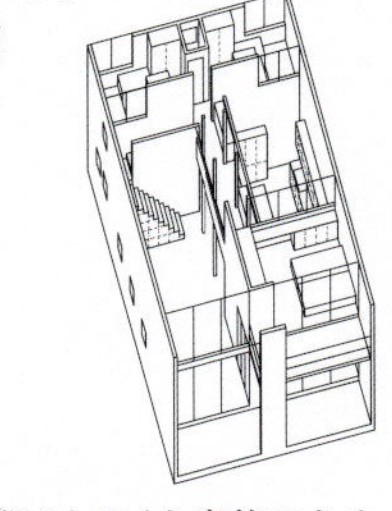

夫婦と幼い子供2人の4人家族のための住宅である。敷地は鎌倉の市街地にあるが、周辺は緑の多い静かな住宅地である。住宅に加えて、画家である夫のアトリエが要求された。
ここではアトリエを独立して計画せず、住空間の中に取り込むことによって、限られた床面積の中に住空間・アトリエともにのびのびとした空間をつくり出すことができた。また玄関を設けず、外部と家族スペースの間の最もパブリックな位置にアトリエ=仕事場を配置することによって、日常生活の中に夫（父）の仕事の情景を取り込むことを試みた。南北に長い敷地の幅いっぱいの8.1mを間口とし、全体を単純な箱形の一室空間とした。1階の家族スペースとアトリエを2層分の吹抜けとし、2階の寝室と子供室をブリッジでつないでいる。南北面の開口と、ブリッジ上部の開閉式のトップライトによって、採光と通風を確保し、南面の一間の庇によって夏期と冬期の日射を制御している。気候の温暖な鎌倉において、年間を通じて空調機による冷暖房はわずかで済むそうである。内装材として床・壁・天井ともにフレキシブルボードを用いた。アトリエの色環境として無彩色がふさわしいため採用したのだが、大きな熱容量が蓄熱層としても有効であることがわかった。

集成材の標準化された部材と1.8m×3.6mのモジュール
構造システム図

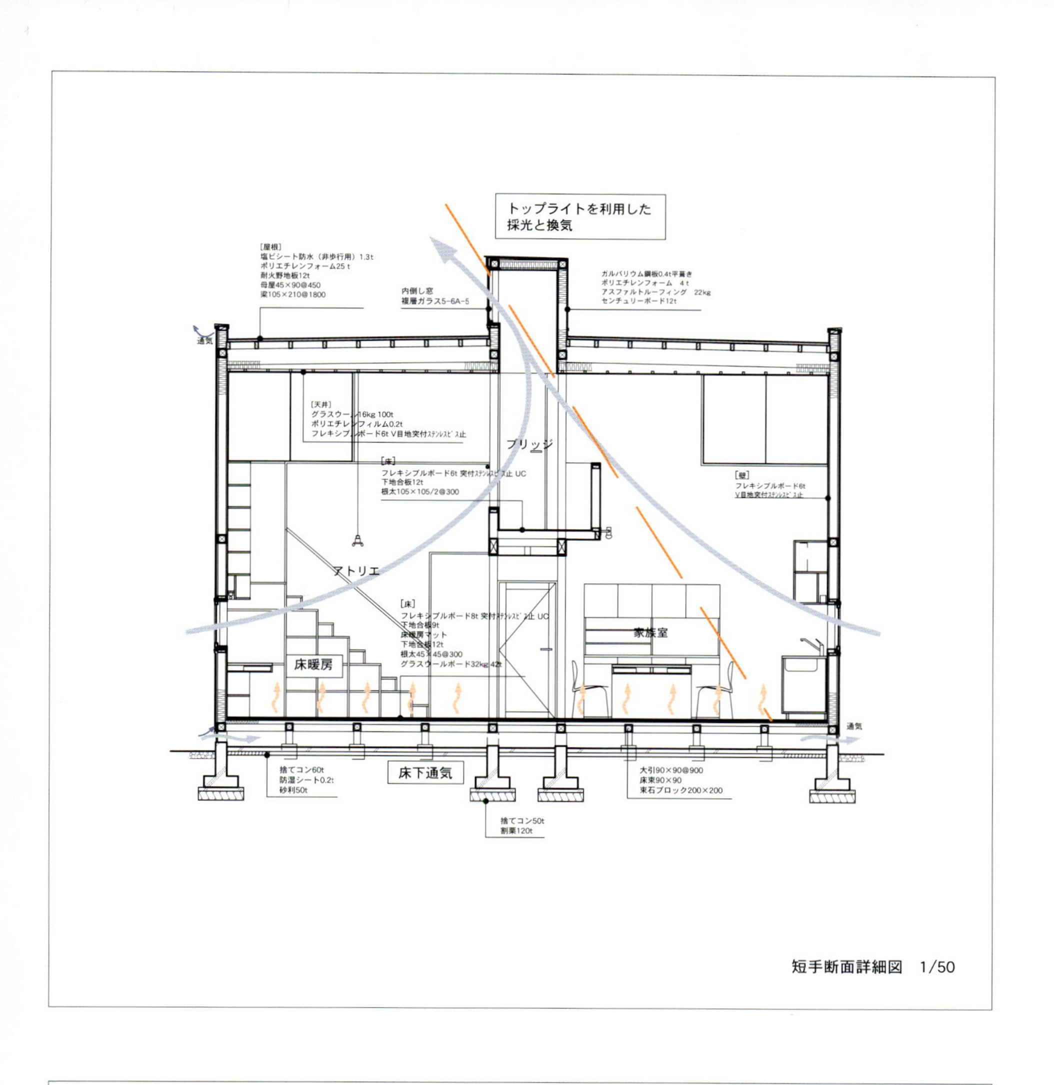
トップライトを利用した
採光と換気
[屋根]
塩ビシート防水（非歩行用）1.3t
ポリエチレンフォーム25 t
耐火野地板12t
母屋45×90@450
梁105×210@1800
内側し窓
複層ガラス5-6A-5
ガルバリウム鋼板0.4t平葺き
ポリエチレンフォーム　4 t
アスファルトルーフィング　22kg
センチュリーボード12t
通気
[天井]
グラスウール16kg 100t
ポリエチレンフィルム0.2t
フレキシブルボード6t V目地突付ｽﾃﾝﾚｽﾋﾞｽ止
ブリッジ
[床]
フレキシブルボード6t 突付ｽﾃﾝﾚｽﾋﾞｽ止 UC
下地合板12t
根太105×105/2@300
[壁]
フレキシブルボード6t
V目地突付ｽﾃﾝﾚｽﾋﾞｽ止
アトリエ
[床]
フレキシブルボード8t 突付ｽﾃﾝﾚｽﾋﾞｽ止 UC
下地合板9t
床暖房マット
下地合板12t
根太45×45@300
グラスウールボード32kg 42t
家族室
床暖房
通気
捨てコン60t
防湿シート0.2t
砂利50t
床下通気
大引90×90@900
床束90×90
束石ブロック200×200
捨てコン50t
割栗120t

短手断面詳細図　1/50

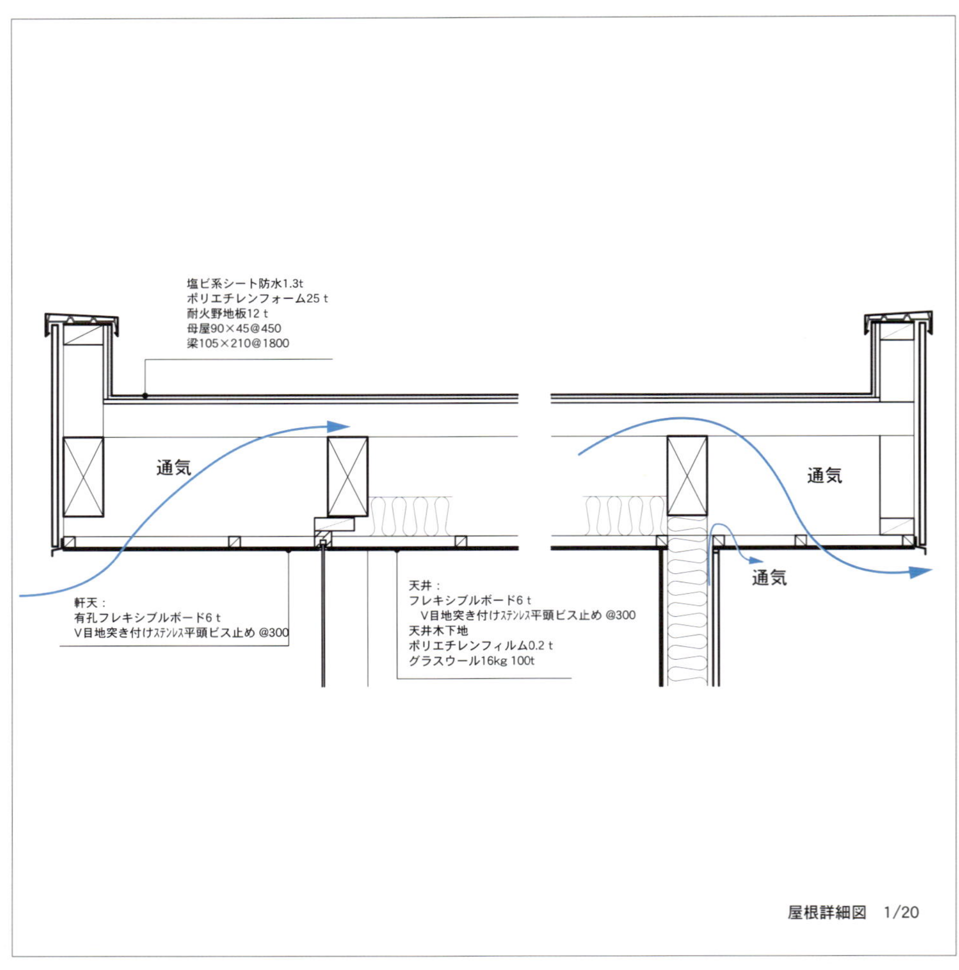
塩ビ系シート防水1.3t
ポリエチレンフォーム25 t
耐火野地板12 t
母屋90×45@450
梁105×210@1800
通気
通気
通気
軒天：
有孔フレキシブルボード6 t
V目地突き付けｽﾃﾝﾚｽ平頭ビス止め @300
天井：
フレキシブルボード6 t
V目地突き付けｽﾃﾝﾚｽ平頭ビス止め @300
天井木下地
ポリエチレンフィルム0.2 t
グラスウール16kg 100t

屋根詳細図　1/20

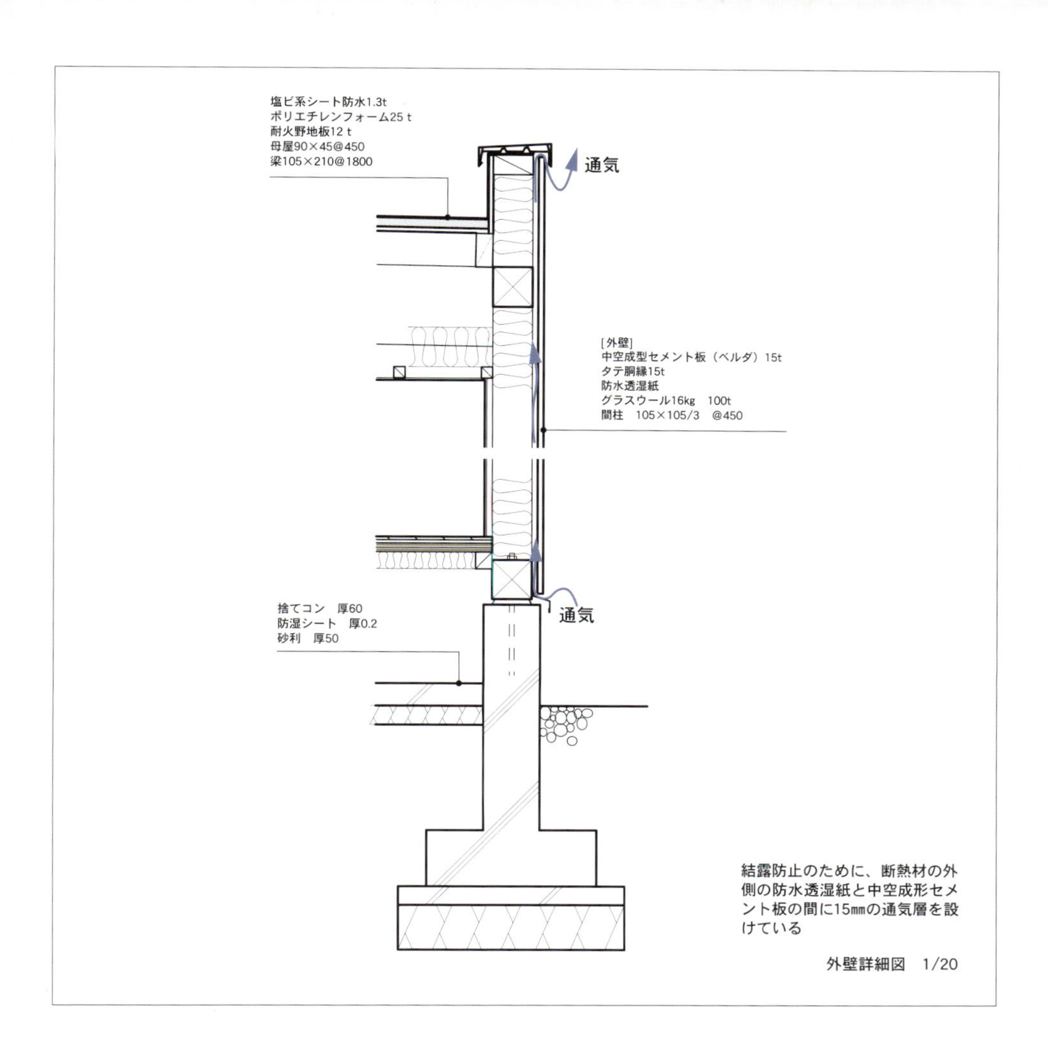

結露防止のために、断熱材の外側の防水透湿紙と中空成形セメント板の間に15㎜の通気層を設けている

外壁詳細図　1/20

箱の家—26

いわきの家 コンペ案（いわき市）
木造（在来工法）
1998年2月

私たちは、こんな家を目指しました。

1. 広い敷地を生かし、内外がゆるやかに連続した家
2. 家族のメンバーが、それぞれ自分の領域を持つことができる家
3. 台所を中心に家事動線をまとめた、使いやすい家
4. 「奥行」を感じることができる家—和室の位置を大切にした家
5. 夏の日陰と風通し、冬の日当たりと防風を大切にした家
6. 外壁、屋根、床の断熱と通気を確保した、結露しない家
7. 木肌が感じられる家—軸組が見え、仕上にも木材を使った家
8. 構造と仕上げを単純化し、コスト・パフォーマンスを重視した家
9. メンテナンスに手がかからない家—長持ちを最優先した外装材
10. 将来の増改築が容易な家—骨組と間仕切りを分離した単純な構造

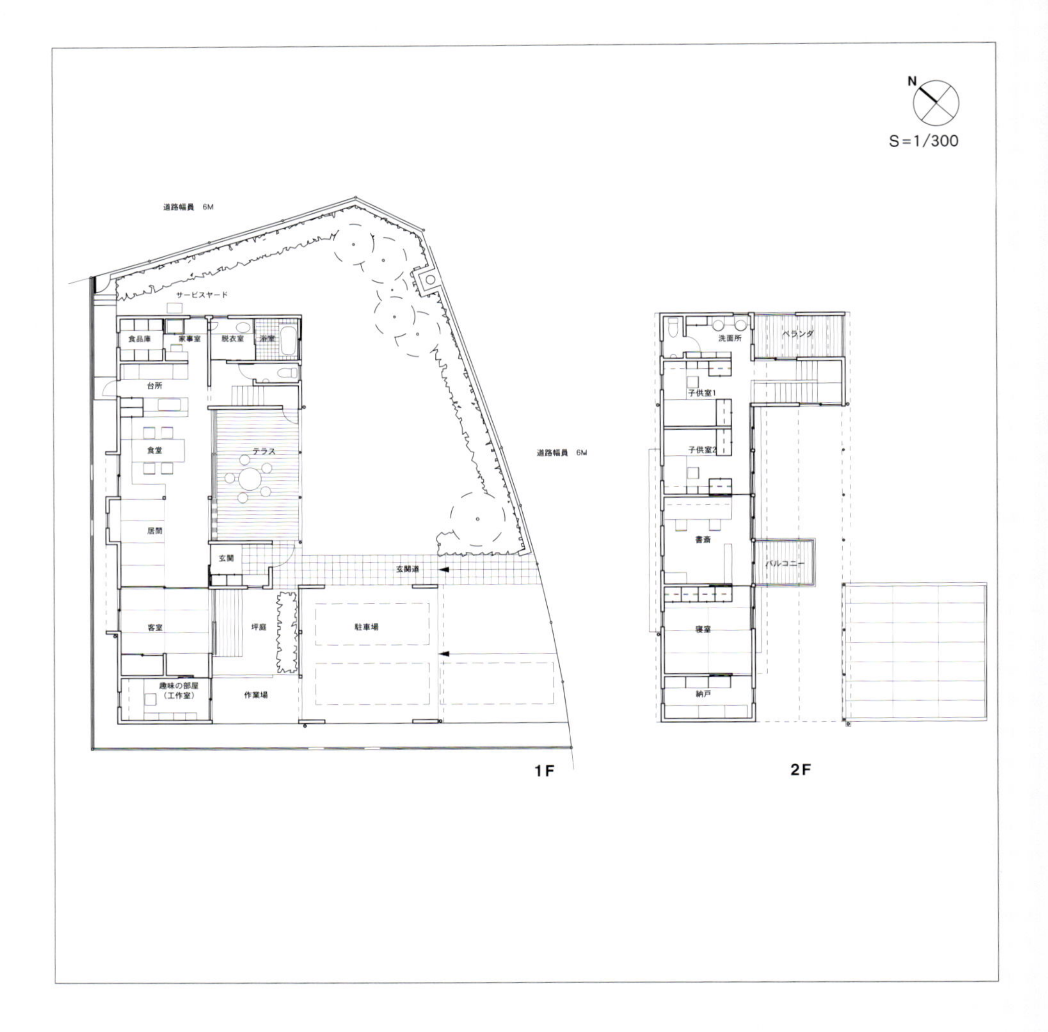

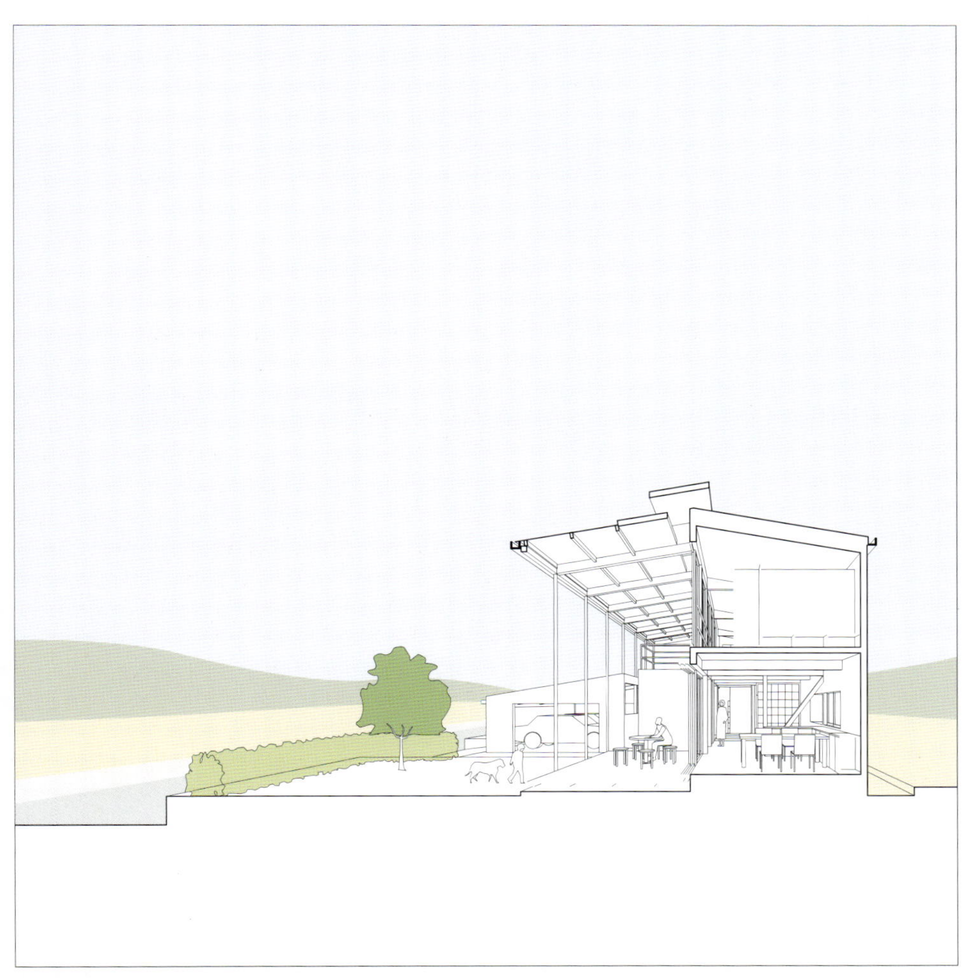

箱の家―29

中村邸(神奈川県鎌倉市)
木造(在来工法)
1998年11月

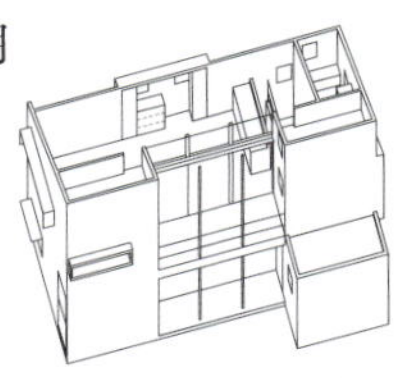

夫婦と中高生の男の子2人の4人家族の住宅である。敷地は鎌倉市北端の、緩やかな南向き斜面にあり、周囲には豊かな緑が残っている。間口が狭く、東西の奥行が深い敷地であることと、子供たちが自立する年齢である点を考えて、独立性の高い個室を1階に置き、日当たりの良い2階に共用空間を置くこととした。夫は仕事の性質上、閉じた個室を必要とし、妻も自宅で仕事をするので、家族全員がそれぞれの個室を持っている。
奥行の深い敷地を生かして、長いアプローチ(玄関道)をとり、敷地の奥に玄関を置くことによって、変化のあるシークエンスをつくり出している。
2階は北側斜線に添った傾斜天井を持つほぼ一室の共用空間で、これに台所、妻の個室、和室などがアルコーブのように取り付き、南側には、奥行1.8m、幅5.4mのベランダが取り付いている。
「箱の家―33」と並んで「箱の家」シリーズの中では、最も個室の独立性が高い住宅である。

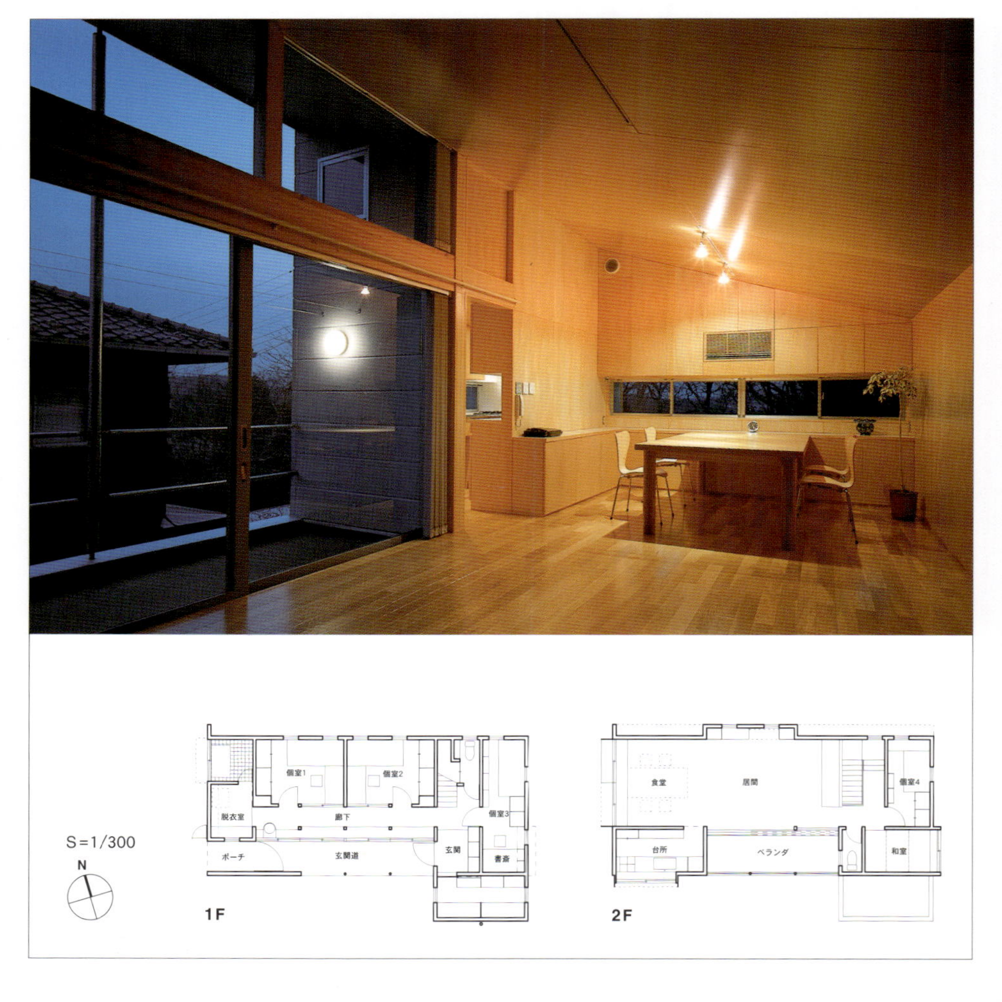

箱の家―37

Y邸（東京都目黒区）
木造（在来工法）
1999年6月

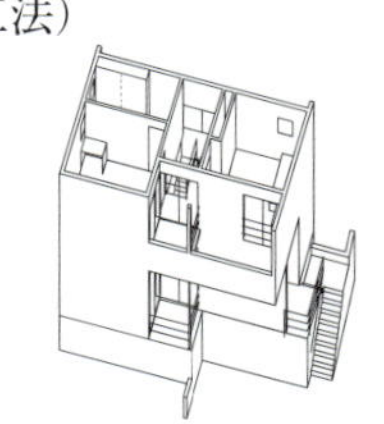

中年夫婦と中学生の女の子の3人家族の住宅である。敷地は目黒区の閑静な住宅街にある。敷地は植木畑でRCの擁壁が残っていた。この擁壁に沿ってRCの基壇をつくり、その上に架構を載せている。軸組は集成材軸組の在来工法である。道路面から2m上がったレベルが1階共有空間で、2階がプライベート空間である。南側にアパートが迫っているので、プライバシー確保と気候制御のため深い庇と開口を持つスクリーンを取り付けている。

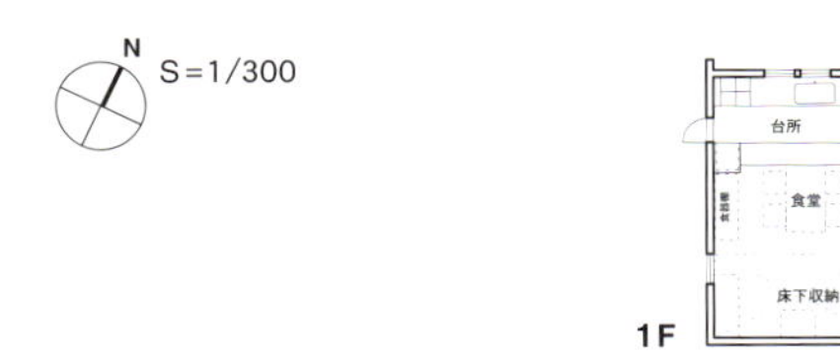

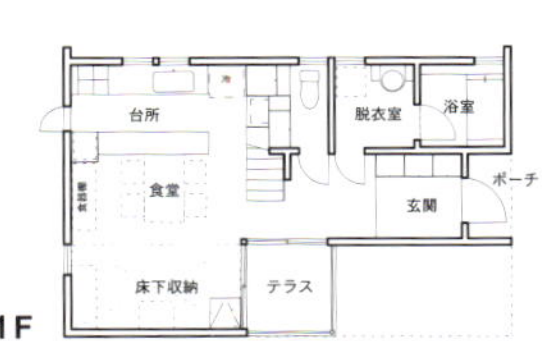

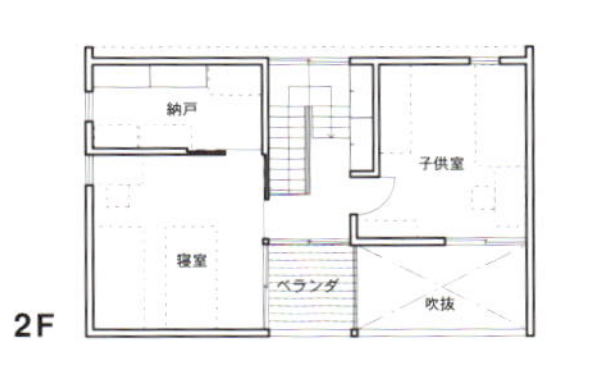

箱の家—36

M邸（富山県富山市）
木造（在来工法）
2000年8月

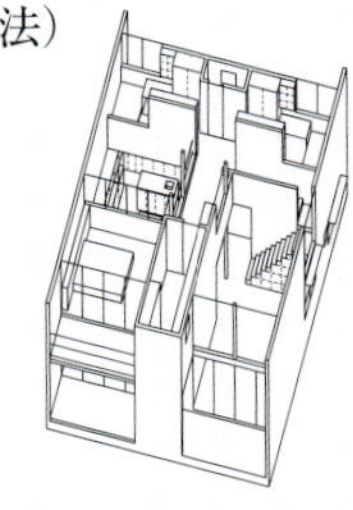

若い夫婦と幼い男の子2人の4人家族の住宅である。敷地は富山市郊外の新興住宅地にあり、ゆったりとした環境である。基本的な平面計画は、第2ステージで開発した「箱の家−23」のタイプの展開型で、家族構成も同じである。積雪地域なので集成材の軸組構造材は東京よりも一回り太くし、屋根や軒の納まりには特に留意した。基礎スラブを外断熱し、アクアレイヤーを組み込むことによって、安定した室内環境を確保している。

N
S=1/300
子供室
吹抜
上部
トップ
ライト
吹抜
寝室
収納
バルコニー
2F
サービスヤード
倉庫
脱衣室
食堂
書斎
和室
居間
玄関
ぬれ縁
ポーチ
テラス
1F

箱の家—33

佐藤邸(東京都世田谷区)
集成材造(SE工法)
1999年11月

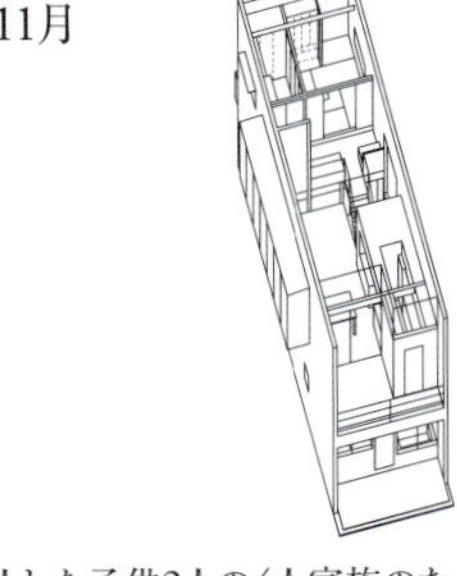

夫婦と成人した子供2人の4人家族のための住宅である。敷地は世田谷区の瀟洒な住宅地にある。敷地と前面道路の1m程のレベル差を生かしたスキップフロアの住宅である。
この住宅では集成材造(SE工法)を試みた。平面モデュールはスパン方向が4.5m、桁方向が2.7m×5+0.9m=14.4mで、門型フレームによる細長いトンネル状の架構に3枚のスラブを差し込んだ構成である。SE工法は、耐震性に優れ、必要壁量が在来木造の約半分程度になるため、スパン方向には床がスキップする中央部分に、桁方向には箱形の外殻部分に、集中して耐力壁を設けることができた。各層の内部空間はフレキシブルな間仕切り壁が可能となり、最上階では建物の奥行いっぱいに連続性のある、伸びやかな空間が実現した。
仕上げ材のシナ合板を露しの柱梁の面に合わせ、凸凹のない単純な箱形にしたため、主体構造のフレームを見せながらも集成材の無骨さが抑えられた、線の少ないシンプルな表現となった。柱梁を露出し、かつ構造用合板をそのまま床下地にしたために、設備経路の確保は非常に困難であった。梁に60φのスリーブを900㎜ピッチで設け、スラブ内と各層間を設備的につないでいる。

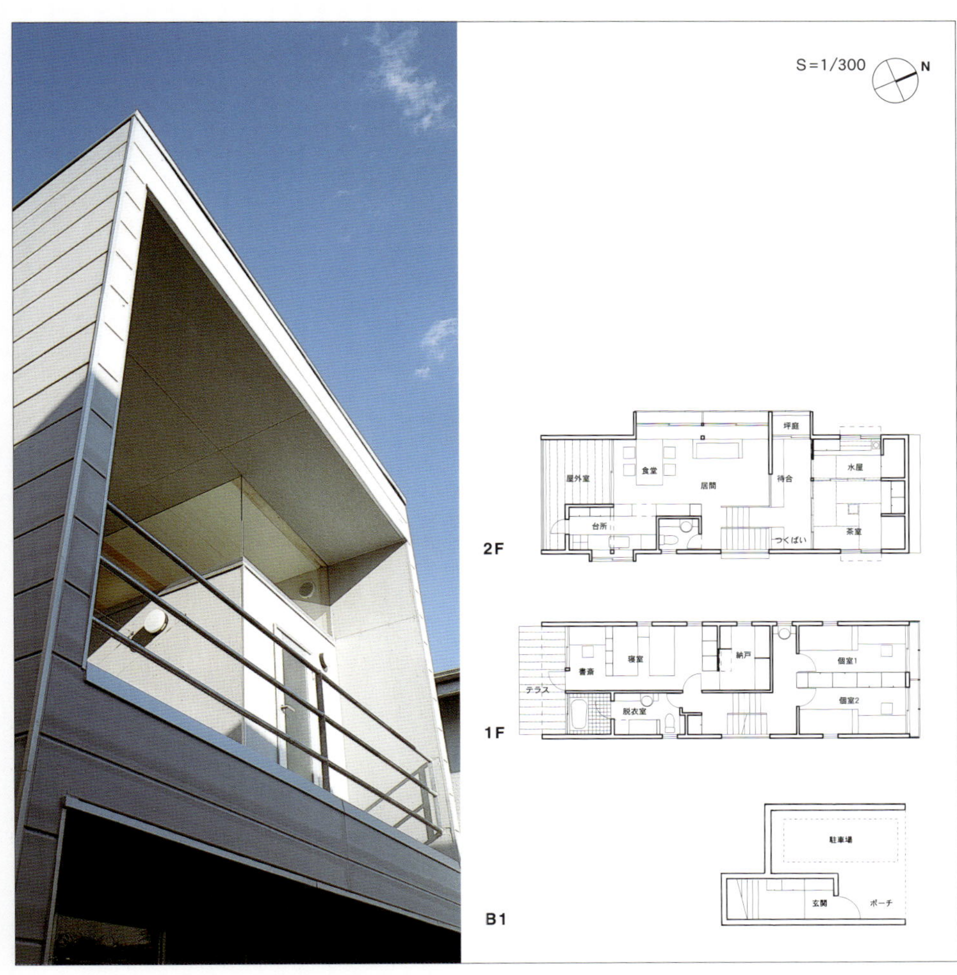

S=1/300
N
坪庭
食堂
水屋
屋外室
居間
待合
台所
茶室
つくばい
2F
納戸
寝室
個室1
書斎
テラス
脱衣室
個室2
1F
駐車場
玄関
ポーチ
B1

箱の家—34

中村邸（大阪府和泉市）
集成材造（SE工法）
1999年12月

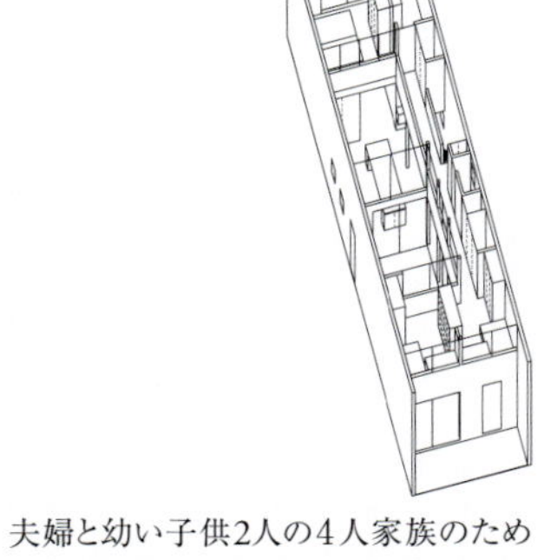

夫婦と幼い子供2人の4人家族のための住宅である。敷地は大阪府和泉市の郊外にある。
敷地は間口約8m、奥行約47mの細長い形状で、敷地に隣接して住宅が密集しているため、日当たりの悪い住環境を改善する目的で建て替え計画が始まった。
敷地形状より中庭型のプランとなった。中庭型はSELL HOUSE展で屋外室を持つ住宅のプロトタイプとして提案した3つのタイプのうちのひとつだが、「箱の家」シリーズではこの住宅で初めて実現した。
建物全体は、屋外室（中庭）を含めた一室空間で、屋外室・吹抜けを中心にして1階に夫の自宅での仕事場であるSOHOと家族スペース、2階に寝室と子供室を配置し、それぞれに適度な距離感を生み出している。屋外室と同じ面積の家族室を2層分の吹抜けとして屋外室との連続性を強め、内部空間に広がりをもたせている。屋外室は通風を確保する上でも有効であり、室内環境に重要な役割を果たしている。
構造は集成材軸組構造（SE工法）を採用した。梁せいを300㎜で統一し、床梁で3.6mおよび1.8mスパン、屋根梁で間口いっぱいの5.4mスパンとしている。在来工法と比較して構造壁が少なくてよいので、建物長手方向の間仕切りを極力なくし、空間に奥行を与えることができた。

N
S=1/300
納戸
廊下
子供室1
バルコニー
吹抜
吹抜
子供室2
寝室
2F
浴室
脱衣室
廊下
玄関
和室
家族室
SOHO
ポーチ
テラス
屋外室
1F

箱の家—35

市が尾の家 コンペ案
（神奈川県横浜市）
集成材造（SE工法）
1999年4月

集成材の軸組構造でつくった、コンパクトで高性能な住宅です。
外周に耐震壁をとっているので、内部は完全にフレキシブルな空間となり、平面計画は自由で、将来の増改築も容易にできます。
全体は単純な箱形ですが、2層吹抜けの屋外室が組み込まれており、プライバシーを守りながら屋外生活を楽しむことができます。屋外室は直射日光と通風を制御し、雨の日の物干し場ともなる多目的な空間です。居間や食堂は屋外室へと連続し、2階の個室も屋外室の開かれています。高気密・高断熱を達成し、1階の居間、食堂、台所には蓄水対流式の床暖房を組み込んでいます。さらに、内外の仕上材にはメンテナンスフリーの材料を使用します。

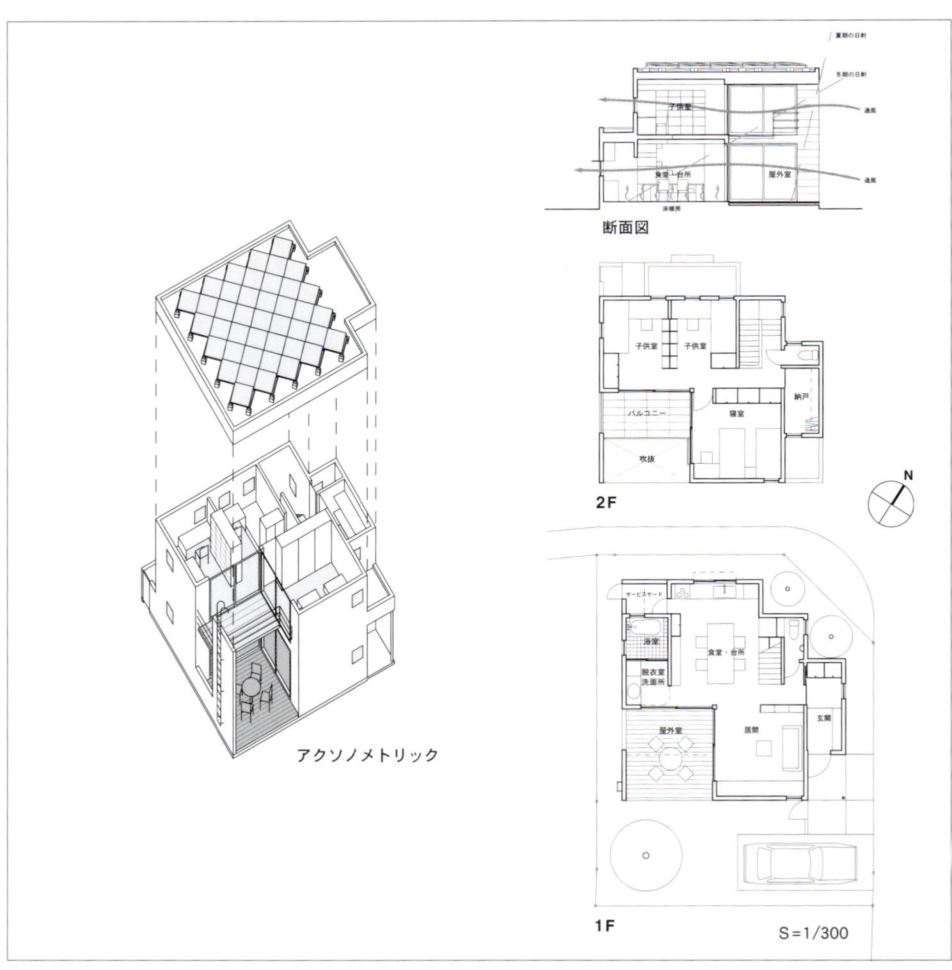

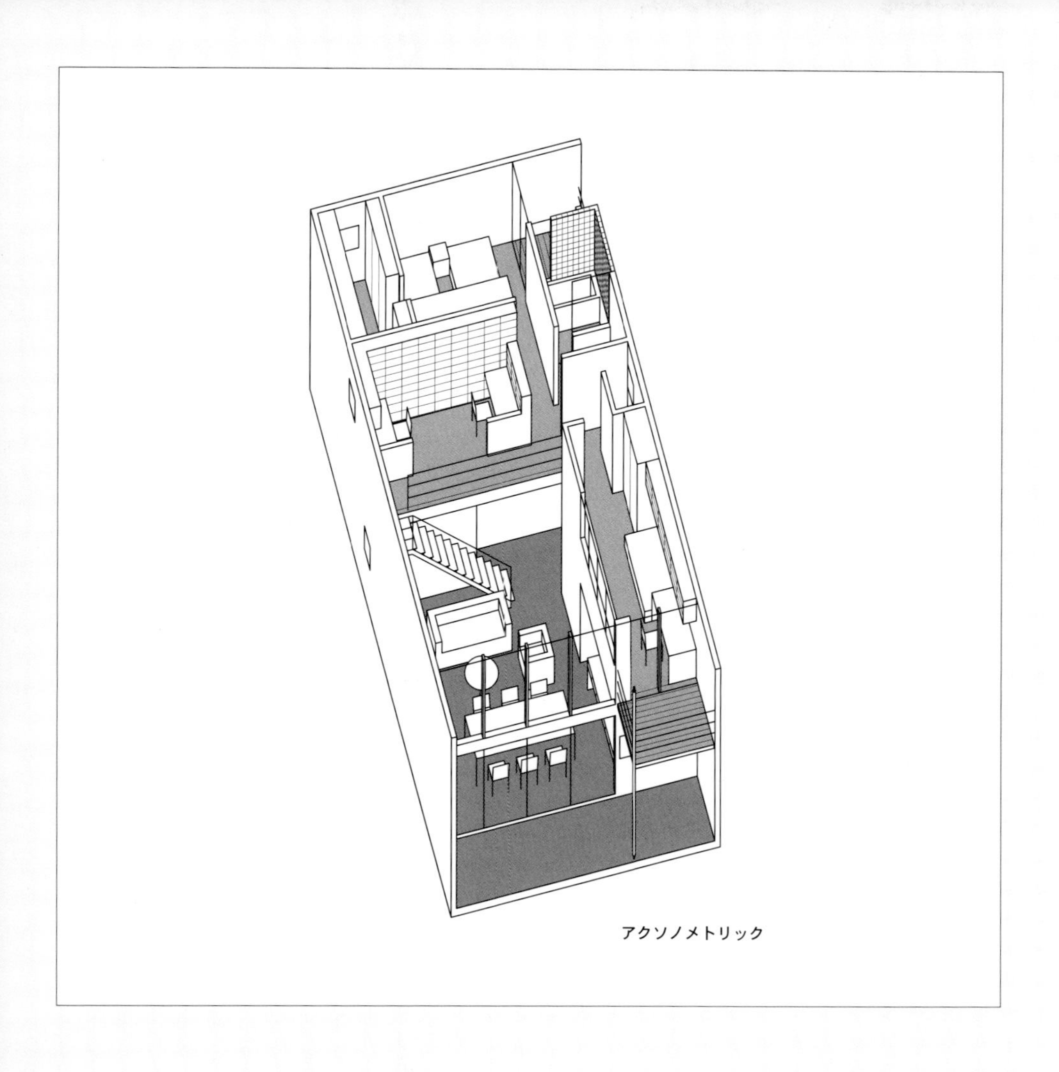

アクソノメトリック

箱の家—42

小山邸 コンペ案
(東京都杉並区)
集成材造(SE工法)
2000年4月

設計の基本方針

1.一室空間的な住まい
間仕切りを最小限に抑え、室内にさまざまなコーナーをつくる。

2.外部に開いた住居
庭と一体化した共用空間、立体的な室内空間、舞台のような階段。

3.コンパクトで高性能な住まい
単純な箱形とし、高断熱と省エネルギーを確保する。

4. 耐震性と耐久性
外殻を耐震的に固め、外装材はメンテナンスフリーの材料を使用する。

5. 自然エネルギーの利用
ハイサイドライトによって通風と自然光を最大限に取り込む。

6. 室内環境の安定化
基礎コンクリートとアクアレイヤーによる熱容量の確保。

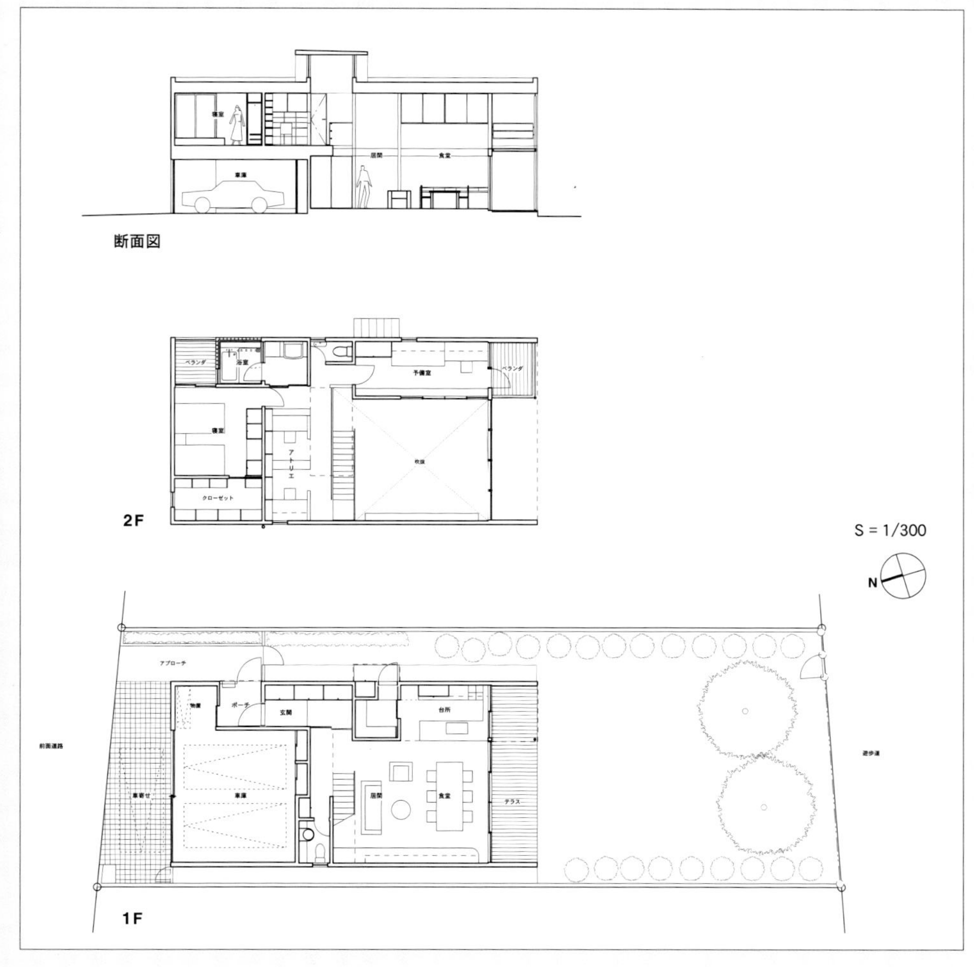

箱の家―40

山崎邸（千葉県習志野市）
集成材造（SE工法）
2000年8月

若い夫婦2人のための住宅である。敷地は東京近郊の住宅地にあり、交通量の少ない道路に面している。道路側に駐車場と庭を確保し、建物は建築面積いっぱいに配置した。構造は集成材軸組造で、外断熱したRCスラブ基礎の上にトンネル状の完全な一室空間がつくられている。RCスラブ基礎は、その上に敷いたアクアレイヤー床暖房システムの蓄熱層にもなっている。2階の寝室は将来、子供が大きくなった時に中央で仕切ることができる。

N
S=1/300
1F
テラス
居間
食堂
台所
玄関
脱衣室
浴室
2F
吹抜
寝室
納戸

箱の家—41

Y邸（東京都杉並区）
集成材造（SE工法）
2000年12月

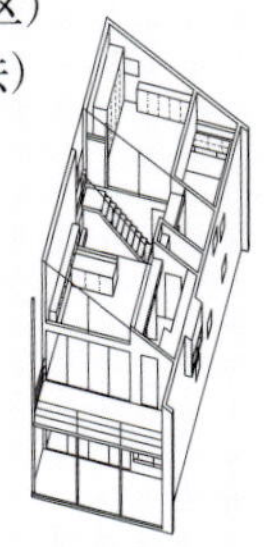

夫婦と親が同居するための住宅である。敷地は杉並区にあり、西側が交通量の少ない道路に面している。建物は奥行のある敷地に、斜線制限いっぱいに建てられている。1階に親の部屋と水まわり、2階には東側に居間と食堂、西側に夫婦共用の書斎を配置し、書斎の上に寝室用ロフトを配置している。構造は集成材造で、2階共用部分は片流れの天井の高い一室空間的な構成である。南東側に大きな開口を設け、屋根はダブルスキン構造である。

吹抜
寝室
吹抜
吹抜
吹抜
3F
居間
バルコニー
食堂
書斎
台所
食品庫
2F
ミニキッチン
倉庫
個室
納戸
テラス
物干し
ポーチ
浴室
脱衣室
玄関
1F
S=1/300
N

箱の家—43

鈴木邸（東京都目黒区）
RC造+集成材造（SE工法）
2001年4月

夫婦と男の子1人のための住宅である。敷地は目黒区の閑静な住宅地に位置し、南側が前面道路に面している。ここでは装丁家である夫婦のための、自宅用のアトリエ兼書庫が要求された。全体はL字型プランの3層からなり、地階がアトリエ、1階が個人の居室、2階が共有スペースとなっている。アトリエは半地下となり、前面道路沿い4.5mの壁に4枚引き違いの開口部を大きく設け、地階ながらも明るさを確保するように計画した。またこの窓はスチール・グレーチングの格子で覆うことで、光を遮ることなく防犯上の問題をクリアしている。南側の玄関側ファサードは冬場における壁面からの熱吸収を高めるため、黒く塗装を施した。高度から差し込む夏の光は庇によってカットされる。

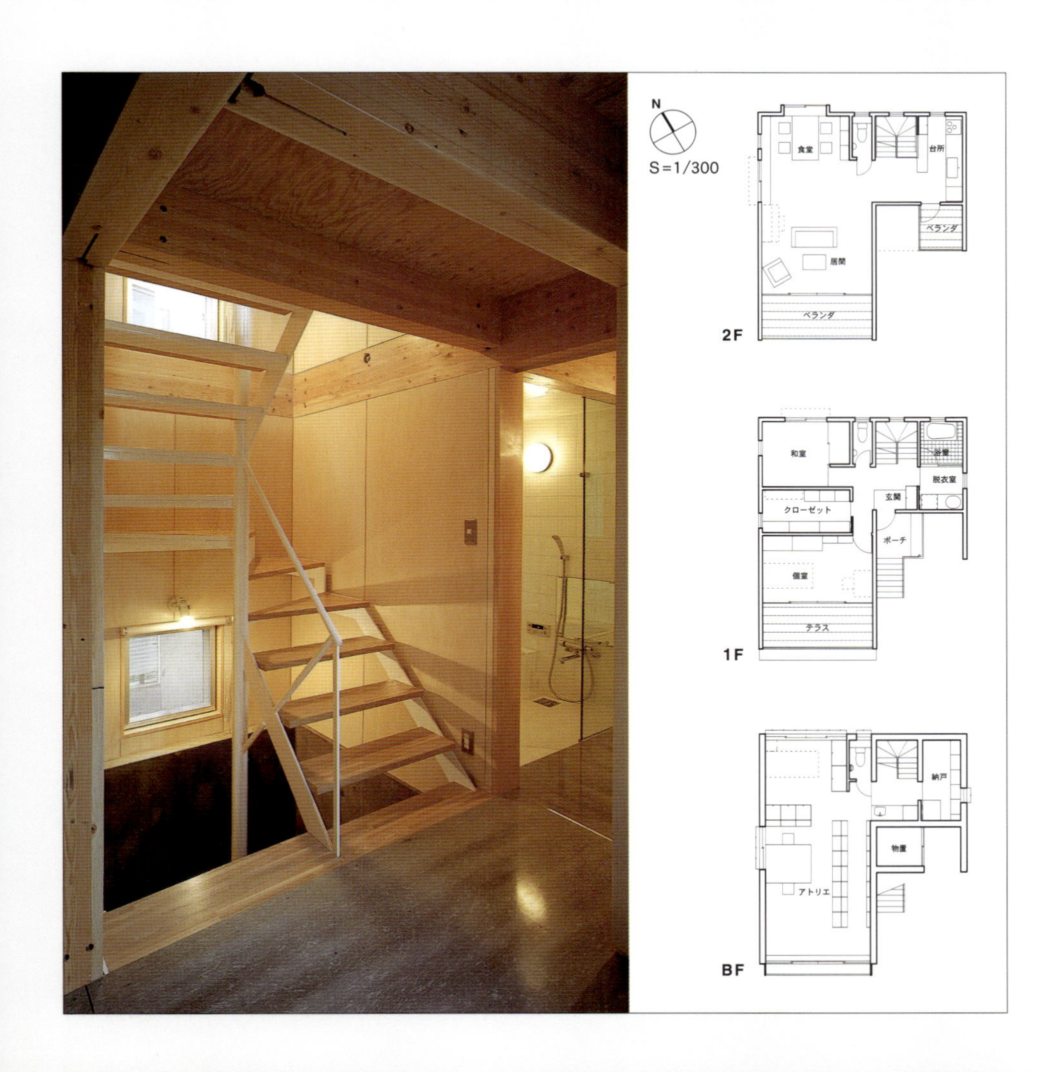
N
S=1/300
食堂
台所
ベランダ
居間
ベランダ
2F
和室
浴室
脱衣室
玄関
クローゼット
ポーチ
個室
テラス
1F
納戸
物置
アトリエ
BF

箱の家—31

西原の住宅 コンペ案
(東京都渋谷区)
RC造+集成材造
1998年7月

単純な箱・単純な構法

・外形は単純な箱型とし、最小限の要素によって構成しています。
・構法・仕上システムを単純化し、コストパフォーマンスを高めています。
・全体はサポートとインフィルの2つの要素によって構成されています。
・サポートは鉄筋コンクリートの単純な壁ラーメンとし、外殻を構成します。
・インフィルは集成材による軸組構造として、インテリアを構成します。

フレキシビリティ

・サポートとインフィルに分けることによって、大きなフレキシビリティを確保します。
・クライアントの要求に応じて、平面計画に多様なバリエーションが得られます。
・サポートはそのままにして、将来の増改築や機能変更にも対応することができます。

省エネルギー

・サポート部分を外断熱して、鉄筋コンクリートの熱容量を室内に取り込みます。
・サポート部分を外装材で包み、外部のコンクリート面を保護します。
・南面開口部には、日射を制御するルーバーや庇を組み込んでいます。
・中央の階段室は光井戸と通風塔の働きを持っています。
・屋上に芝生を敷きつめて屋上庭園をつくるとともに、屋根面を外断熱しています。
・基礎底版とスラブの間に雨水貯水槽を設け、屋上散水などに利用します。

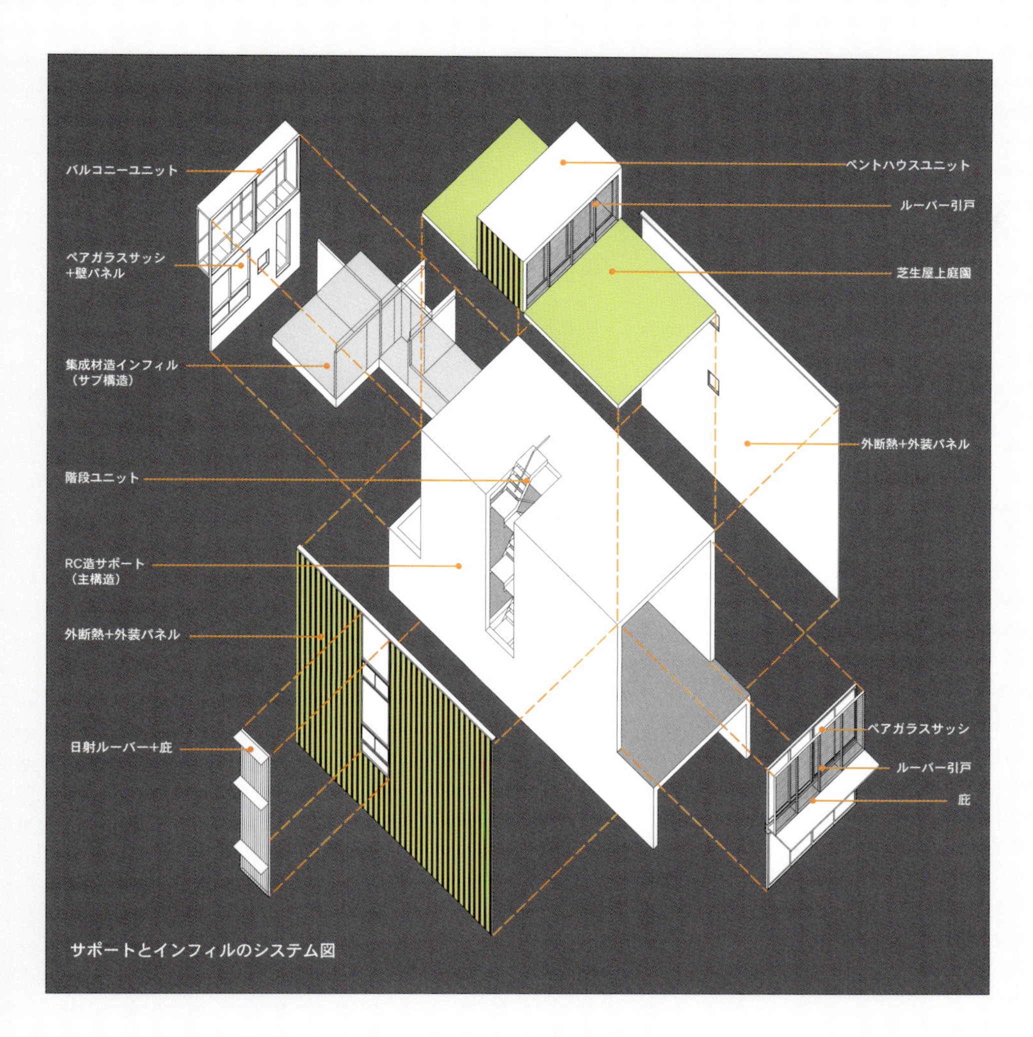

サポートとインフィルのシステム図

非作家性と商品化

難波和彦
対談―曽我部昌史

「箱の家」は商品化できるか

難波――松村秀一さんと話したとき、「箱の家」はつくり込みすぎだと言われました(笑)。「箱の家」の面白さは、シェルターだけをつくって、内部はあまりやらない方がはっきりするんじゃないかと。僕もそう思うけれど、どうしても止まらなくなってしまう(笑)。その辺が「みかんぐみ」と違うところなのかもしれない。以前『jt』(新建築社1998年8月号)の月評で、曽我部さんは「箱の家」には商品化の可能性があると書かれていましたね。それに対して、僕は商品にはならないんじゃないかと返答しました。

曽我部―建築家の作品の商品化には僕も非常に興味があって、今日はそういうことについて難波さんの意見を聞きたいと思ってきました。

難波――大手住宅メーカーの設計部長に、「箱の家」は商品化できないとはっきり言われたんです。彼らは年間1万棟ぐらいつくっているから、マーケティング調査で客層を分類しているんですが、その中に手を出してはいけない客層がある。僕がやっているのはその客層だと言われた。

曽我部―それは、その住宅メーカーのシステムだから商品化できないということじゃないでしょうか。『箱の家に住みたい』に構法のサブシステムが列記されていましたが、それで気がついたのは、バリエーションを発生させるためのサブシステムと、イメージをはっきりさせるためのサブシステムに大きく分かれていることです。この仕組みが、性能に価値を見出す層をターゲットとした住宅の商品化を可能にしていると思うのです。サブシステムは、いろんな住まい方に対応できるバリエーションを生み出すためのものと、イメージつまり開放的な一室空間を強調するものと、大きく2つに分かれています。それで思い出したのが、『jt』に書かれていた、コンセプトの標準化とシステムの標準化です。

難波――ソフトとハードですね。

曽我部―まさにその部分だと思います。ソフトは分かりやすいかたちでの定着のために試みられていて、ハードつまりシステムの方はバリエーションを成立させるために組み立てられている。難波さんがやられているのはどっちだろう。システムなのか、コンセプトなのか。システム化自体は、商品化にあまり役に立たないと僕は思っています。商品化住宅は、初期の工業化でシステム住宅をつくっていた段階は、あまりうまくいっていなくて、イメージ戦略を導入したことでうまくいくようになって、社会に食い込んだのだと思います。大抵の建築家はそれを否定的に言うんですが、僕はそれが面白いと思っていて、難波さんの開放的な一室空間というイメージを強く出すことに商品化の可能性があると。

難波――でも僕は、それこそが障害になって、商品化できないと思っている。

曽我部―多分、住宅メーカーも、それが障害だと思っている。

難波――それは生活の仕方に直接的に関わってくるからでしょう。

曽我部―だと思います。特定の住まい方を提示しているわけですが、だからこそ人がくる。そう考えると商品化の可能性は十分ある。

なぜ受け入れられるのか

一連の「箱の家」の記録を読み返していて、いまひとつ分からないのは、あれだけ強くライフスタイルを規定するシステムでありながら、みんなオープンなライフスタイルを受け入れていることです。第1ステージだけで20戸以上、それが第2ステージ、第3ステージと続いているわけですから、これはすごいことだと思います。

難波――ニヒルな言い方をすると、生活とあまり関係ないからですよ。箱形の空間は生活を制約しない。だからどうにでもなるように見える。

曽我部―それはシステムつまりハードの方が、いろんな住まい方に対応できるようにできているからだと思いますが、ソフトの方が生みだすライフスタイルはひとつじゃないですか。

難波――そのライフスタイルも、実質とイメージは違うでしょう。

曽我部―もちろんそうだと思いますが、イメージの方が大きな影響を持つと思うんです。住宅メーカーの人が商品にならないと言ったのは、イメージの部分においてでしょう。

難波――たしかにそうですが、実際のライフスタイルの面もあると思います。

曽我部―20戸をこえるクライアントが「箱の家」がどういうものかを了解した上で来ているというのは当然ですが、それにしても、全部それでオーケーだというのは何でかなと不思議に思ったんです。

難波――だからその理由を曽我部さんに分析してほしいんです(笑)。

曽我部―僕は、もう商品化して、建築家から手ばなすしかないんじゃないかなと思います。なぜかというと、イメージはひとつあるわけじゃないですか。社会的に表明したいことも割とはっきりしています。そのこと自体が、難波さんの建築家としての表明の全てだという風には思いたくないんですが、それは置いといて、はっきりしたイメージが提示され、あとやることといえば、システムでの対応のパターンを変えているにすぎないようにさえ見える。それは自動的な作業になり得るんじゃないか。難波さんは自動的な作業では我慢できないから、それを突き抜けていろんなことをやられているわけです。

そういうふうに考えないで、ルールブックみたいにシステム化してしまう。毎回ディテールを詰めて、コントロールするのはやめて、アプリケーションのようなものをつくり、クライアントがやってきて、「こうしてほしい」と言うと、難波さんは問診をするような感じで、「あなたはそういうことを言っているけれど、そうじゃないよ」とか言って、ソフトのレベルだけをちょっといじって、あとは自動的にできるという方がいいんじゃないかと思います。

難波――塚本由晴さんも言っていたけれど、要するに、クリエーションとしてはそこでお終いで、そこから先の表現のレベルアップやシステム変換は難しいというネガティブな評価でもあるわけですね。

曽我部―塚本さんと僕が共通しているのは、難波さんの頭脳を使うものとしては、これで大体出しきれているんじゃないか、それはほかのところで使っていただいた方が社会的に有益なので、「箱の家」はとりあえずやめるということでしょうか。でも僕は、それでお終いというのではつまらないと思う。それを生かす方法はまだいっぱいあって、そのひとつとして商品化があるんじゃないかな。

難波――商品化するには、どんな敷地、どんな家族構成でも適用可能というのが前提ですが、それはけっこう難しい。「箱の家」は、それほど普遍的な方法とは思えないけど。

曽我部―そこは僕も分からないんですが、20戸以上やられて、相当数の解答が既に出ているわけですね。

難波――ええ。そういう意味では、プリントするようにくり返すことは簡単ですが。

曽我部―このままいくと、ある種のソフィスティケーションに向かうと思うんですよ。

難波――そう、事実、向かっています。それでアブナイなと思っている。でも一方で、変わろうと思ってもなかなか変われない。

「箱の家」における作家性

曽我部―そうですか? 難波さんはけっこう明快にスタンスを表明しつつ変わる建築家というイメージがありますよ。僕が学生だったころの難波さんのイメージはハイテク建築家でしたね。最近はそういうことはしないでしょう。完全に難波さんのメンタリティが、テクノロジーそのものに対する興味というところに表れている気がする。作為性を消すことが究極の作為性ということを書かれていましたが、最近の難波さんのテクノロジーの扱い方もそういう印象があります。

難波――そういう問題と非作家性とは関係あるんでしょうか?

曽我部―その話にきましたね(笑)。いろいろ誤解を受けていますが、僕らが「非作家性の時代に」(『jt』1998年3月号)で言いたかったのは、最初に建築家側が建物のつくりかたを決めてしまって、それを押しつける形式の建築はつまらないということです。ものを考えるチャンスは、敷地にもクライアントにも周辺環境にもいっぱいあって、そこでいろんなことを思いつく方がずっと面白い。白紙の状態からはじめて、そこでいろいろ条件を受け止めて、最初から考え直す方が面白いんじゃないかということです。あらかじめ決めてしまって、それを押しつけるのを作家性と翻訳してしまったので、いろんな誤解を受けていますが、そうじゃないやり方でやりたいというぐらいのスタンスで、「非作家性」と言ったわけです。

さっき棚に上げた話ですが、「箱の家」がオープンな一室空間を持っていて、空間の形式の上でも、イメージの上でも、それが固定されている。そしてそれがはっきり表明されている、そこにちょっとひっかかるところがあるんです。オープンな形式を大前提として、それが「箱の家」スタイルであり、建築家としての社会的な表明であるとして、あらゆる住宅のクライアントにそれを受け入れてもらいますとやると、見方によっては、ある種の作家性になってしまうじゃないですか。そこが矛盾しているような気がしますが。

難波――でも、そのとらえ方は二重にねじれていると思います。まず、コンテクスト、クライアント、敷地に対して白紙で臨むこと、設計条件を捨てないで対話を通してやるという意図は分かるけど、本当に白紙状態になることはできないでしょう。もうひとつは、池辺陽や篠原一男の時代とは違って、いまはクライアントと僕たちの力関係が同じレベルの時代です。かつては建築家が大衆を指導していたけれど、今はそうじゃない。事実、僕とクライアントの話は基本的に対等です。そういう時代になったのだとすると、クライアントと建築家の実質的なやり取りは、お互いに自分の考えを明快に示すことからスタートすると思うんです。敷地もコンテクストも、明快な問題意識がないと、読み取れないんじゃないか。何も言わないで、どんなものをつくりましょうかでは、やり取りは出てこないような気がします。

曽我部—もちろん僕もそう思います。

難波——だから、とりあえず何か明快に言わないと始まらないんじゃないか。その時の最もフレキシブルな主張が箱なんです、僕の場合は。

曽我部—でも、難波さんのところに来るクライアントは、当然ながら、最初に箱を示されても違和感を持たないから、その先に行かない。

難波——それが非常に困る。それではやり取りが一方的になってしまう。箱がクライアントの意見を吸収してしまうんです。それが限界だといわれれば、確かにそうなんだけれども。

曽我部—われわれがやっているときに、このクライアントには、はじめに箱の家を出してみようとかといって、われわれで勝手に箱の設計をして持っていったりすることがあります。そうするとクライアントには住むことに対するある種の形式がありますから、それからずれているものをみると、最初にものすごい違和感が出ます。その違和感が出るところが面白い。違和感が出たことに対して、次はそれに対してお互い応答するわけです。しかし、実現している「箱の家」をみていると、そういう違和感が入り込むすきまもないくらいに、全部同じに見えてしまう。もちろん開放性にそれぞれ差はありますが。

難波——まさに僕が包み込んでしまっている。それを社会的な作家性と言ってもいいかもしれないけれど、それが僕のラベルなんですね。でも「みかんぐみ」だって同じじゃないですか。「なんでもフレキシブルに対応する」というラベルですよ。

曽我部—そういう意味ではね。なるほど。

難波——かつての作家性とは次元が違うけれど、それだけでは自足は難しいんじゃないかな。

差異で遊ぶ、共通性を求める

曽我部—この間、青木淳さんが『新建築』(2000年12月号)に書いていた「リノベーション」という文章があります。彼がいままでやってきた住宅から始まって、クライアントや建物が持っているある種の形式性、つまりこうあるべきだとか、こういうふうにしてほしいというような、そういう枠組は壊しようがないと。そんなものを壊そうとしても無駄だし、壊そうとすること自体が別の形式性に入るだけだから、そこで頑張ってもしようがない。まずそれを全部受け入れてしまおうと。形式性を全部受け入れることから考え始めたいと。その上で、形式のある部分を思いきり極端化し発展させて、それで出てくる突き抜けた状態、要するに形式の内側から何か取り出すことが、青木さんのやろうとしていることで、それをリノベーションと言っている。

難波——その都度のコンテクストに固有な条件を肥大化するやり方ですね。そのスタンスは僕とはまったく逆で、僕はむしろ共通な条件を過激に押し進める方だから、批判されているなと思いました(笑)。

曽我部—なるほど。実は僕はものすごく共感できたんですよね。プロジェクトごとのコンテクストをもとに考えはじめるスタンスですから。僕もある部分では批判されていますが、それはちょっと違う水準ですから置いておくとして、難波さんのスタンスも、固有のコンテクストを問題にしているという点で、リノベーション的なスタンスにすごく近いと思ったんですよ。そこで、さっきの開放的な一室空間をつくるという話に戻るわけですが、一つのコンセプトをはっきりと示す、一室空間を開放するという部分ではバッティングしているなと思います。

難波——伊東豊雄さんと一緒に仕事をしても、青木さんと話をしても、共通して感じることがあります。たとえばアルミの仕事で伊東さんと決定的に違うと思ったのは、最初にモデュールを決めましょうと言ったら、そんなものは決めるべきではないと言われた。僕としては、モデュールを変えるには明確なモデュールをつくることが前提だと考えている。システムを壊すにはシステムをつくっておかないと壊すも壊さないもない。空間の寸法をフレキシブルに操作するには、モデュールを決めておく方が明らかに有利です。何もないところで寸法は決まりようがない。ところが、モデュールを決めることは寸法を固定することだと思われてしまった。最終的にはモデュールを外すんだけれども、手順はまったく違います。

要するにスタートの前提が逆なんです。異なるクライアント、異なるコンテクストがあったとすると、僕はまず共通性というか同一性を見る。しかし伊東さんや青木さんは、そこに差異を見ようとする。曽我部さんに対しても同じ感じを持ちます。ギャラリー・間の展覧会でも、複雑な社会、複雑な条件に対して、単純な答えがあるわけじゃないと書かれていますね。僕は複雑な条件だからこそ単純な答えを求めます。

曽我部—そうですね。あの人たちは"不真面目"ですから(笑)、遊べるところを探すんでしょうね。

難波——差異を探ることが遊びなんですか?

曽我部—差異がないと遊べないんじゃないですか。いっぺんやったことをやるのは面白くないというか。飽きっぽい性格というんですかね、あの人たちは(笑)。

難波——そういう性格の問題なのかなあ(笑)。僕は建築観の問題だと思うけど。

曽我部—もちろん建築観の問題ですよ。建築観は性格の影響を相当受けていますから。

難波——でも同一性で遊ぶことだってできると思いませんか。たとえば科学の世界はそうでしょう。バラバラの現象の中に共通の法則を発見しようとするのが科学だから、僕はそういう方法が建築に適用できないかと考えているわけですよ。

曽我部—それはシステムの部分の話ですか。コンセプトの方?

難波——あらゆる面においてです。たとえば「箱の家」でも、クライアントはみんな違うけれど、家族構成や予算が似ているし、年齢や職業もこうだしというふうに、まず共通部分に注目し、そこから差異化していく。それがなかなか分かってもらえない。クライアントも分かってくれないんですよ。

曽我部—難しいんですよね。「箱の家」ということで最初から答えを出されている感じがするから。

難波——そうでしょうかね。でも、そういう方法でないとローコストは絶対にできませんよ。

変わっても最後は同じ「箱の家」

曽我部—案はけっこう変わるんですか、設計の途中で。

難波——ころころ変わります。変わっても最後は変わらないのが不思議でしょうがない(笑)。実際に設計しているときのエネルギーは、毎回ほとんど同じなんだけど。

曽我部—深尾精一さんと難波さんの対談を読んでいたら、たまたま設計料の話題になっていましたね。

難波——そうそう。毎回同じ設計をやって、同じ設計料をもらっていいのかなんて言われた(笑)。でも、毎回違うんだって(笑)。そういうイメージで見られているようです。

曽我部—だからシステムにして売った方が、もうかるんじゃないですか(笑)。

難波——システムを売って、一戸売れたら何%かを貰うということね。そういう可能性は感じるけれど、そういうのは面白いとは思わないなあ、僕は。

曽我部—僕はこれまで2つの「箱の家」を体験しました。松戸の「箱の家−11」のあとに、鎌倉の「箱の家−23」を見せていただいたんですが、それぞれ印象が全然違っていました。

難波——空間構成が全然違います。第1ステージと第2ステージの違いですね。

曽我部—空間構成も違うし、設計の密度というか、コントロールの仕方も違う印象を持ちました。

難波——そうですね。かけた時間も違います。「箱の家−23」は時間がかかっています。

曽我部—やっぱり違うでしょう。松戸のは抜けた感じがありますね。ディテールにしても、素材の選び方にしても、チマチマしていないというか、最低限のことだけやっているような感じがします。僕はああいう感じが好きなんです。鎌倉のも気持ちはいいんですが、密度が高い。僕はもともとは几帳面な性格なので(笑)、几帳面な人がやっていることが何となく分かっちゃうんですね。目地を追いかけていくと大体分かる。この柱の裏は、あの向こうに絶対目地があるぞと思うと必ずありますね。ヴィトゲンシュタインまでいかないですが(笑)、ものすごくコントロールされた、数学的なルールに従ってできているようなところがあって、その方を楽しんでいるように見えてしまう。やってる方は楽しいと思うんですが(笑)。

難波——その点を松村秀一さんは批判したんでしょうね。

曽我部—似たようなことを僕も感じているのかもしれないですが、いっそのことFOBA(F.O.B Association)のF.O.Bホームみたいに商社に売ってしまったらどうですか。F.O.Bホームは住宅のイメージとF.O.Bコープのマーケットとくっつけていて、イメージ戦略で建築をやっているわけじゃないですか。

難波——青木さんの『住宅論 12のダイアローグ』(INAX出版2000)で、FOBAの梅林克さんは、「箱の家」は僕自身のモジュールをつくろうとしていると言っていましたね。つまり僕が生産の問題にまで手を出していることを批判している。梅林さんはそうじゃなくて、生産の問題を捨象して、流通、つまりイメージでいくということだと思うんだけれど、でもそれって、今までの建築家がみんなやっていることと同じでしょう。

曽我部—イメージを扱うという意味ではそうなんですが、それを思いきり引いて、マーケティングの戦略を建築の問題に引き込んでいるのが面白いじゃないですか。あとは商社任せですから。

難波——そういう建築のデザインの仕方もあっていいとは思うけれど、それこそ旧来の作家の仕事と変わりないんじゃないか。確かに情報の問題は決定的だけど、生産に及ぼす影響が決定的なわけで、生産を捨象して流通だけやるというのは甘いんじゃないかな。イメージを操作するだけだったら、生産を動かす部分を操作しないと意味がないと思う。「せんだいメディアテーク」で伊東さんが四苦八苦したのも、そこなんだから。

曽我部—そう考えるんだとすると、「箱の家」の商品化というのも難しくなりますね。

難波——そういう意味で、僕は難しいと言っているわけですよ。生産的に。

曽我部—なるほどそうですか。もったいないなあ(笑)。これだけのクライアントの人たちが受け入れたんですから、マーケットとしては確実にあると思いますよ。

クルマ化する住宅

曽我部—住宅はやっぱり基本的に「箱の家」形式でいかれるんですか。

難波——しばらくはそうですね。できればRCの「箱の家」もやりたいと思っています。RCだとゲームとして違う世界だから面白い。ただ、お金は大変です。ローコストという条件が難しくなる。でも長い目でみたらローコストなんですが。

曽我部—質問を変えて、豪邸の設計をする場合にはどうされますか。

難波——ひとつだけやったことがあるんだけれど、やっぱりダメでした(笑)。

曽我部—でも僕が学生のころ知っていた難波さんであれば、豪邸問題は解決できそうな気がしますね。

難波——ハイテクで、お金がかかる技術でやればできると思いますが、住宅では難しい。

以前、ドイツのプラントを日本に輸入している会社の社長の家を頼まれたんですが、徹底して熱環境を考えるとコンクリートの宇宙船みたいになる。「箱の家」のコンセプトと全く逆です。熱容量が大きいのはいいけれど、それで開放的じゃなかったら、棺桶でしょう(笑)。でも窓を開けると、空気が出て熱が奪われるから窓は開けない方がいいと言われた。そう言う考え方に抵抗してクビになったことがあります(笑)。

曽我部—たぶん最近の自動車がいけないんでしょうね。最近は自動車に乗っているときは、みんな完全に閉めきるんですよ。どんなにいい季節でも、エアコンの性能がいいから自動車の窓を開けている人って、あまりいない。それが習慣化して、住まいの形式もそうなったのかもしれない。

難波——通産省がハウスジャパン・プロジェクトで建てた舞浜のエコロジー実験住宅があるでしょう。シーラカンスの小泉雅生さんが設計した家ですが、あの窓もトリプルガラスだけれど開かない。おかしいんじゃないかと聞いたら、小泉さんは「舞浜は外の空気も悪いし、バイクで大通りを走る人がいるから」と。そして真面目な顔をして、「自分は友だち3人とバリ島に行ったけど、ホテルでテラスの窓を開けたらムッとした磯くさい空気が入ってきたから、思わず戸を閉めて、あと3日間は戸を締め切ったままTVゲームをしていた。未来の住宅もそうなるんじゃないか」(笑)といわれた。彼の考えでは、住宅の開放性は大正時代の誰も使わなかった客間みたいなものだというわけです。テラスをつくったり、大きな窓を開けるけれど、実際には誰も使わないだろうと。けっこう説得力あるなと思いました。

曽我部—でも、あの住宅はプログラムの問題もあるんじゃないですか。シーラカンスで小泉さんが担当していた「プラモデルハウス」というのがありますが、ハウスジャパンのように無理に高度化したテクノロジーを導入するわけじゃなくて、ハンドメイドのテクノロジーで、明るくて気持ちのいいものをつくろうという方法論が感じられる住宅です。僕も、日曜大工的というか、自分の手の届く範囲のテクノロジーって大好きなんです。自分でできる技術。そういう意味でも、すごく近い人だなと思っていました。その延長線でエコロジーのことを考えると、彼とはそう遠くないんじゃないかと思っていたから、そのバリ島の話は驚きですね。

難波——まあ知的な人だから、半分冗談かもしれないけど。同じようなエコロジー住宅といっても、「みかんぐみ」の「誰にでも楽しいエコロジー住宅」は、恥ずかしいぐらいに正統であたたかい家ですね(笑)。

曽我部—NHKの「理想のエコロジー住宅」では、現代のエコハウスがこうあるべきだというのではなくて、未来のことを考えたときに、こういうメッセージを建築家が発するべきだと考えて提案しました。TV番組で、実際に建てることを前提としていないわけですから。

難波——そのスタンスが建築家的というか作家的じゃない。まさに「みかんぐみ」ですね。

二つのアルミの家

難波——さっき言われた手元にある技術というのは賛成だけれど、僕としては高度な技術が手元にあるイメージですね。アルミもそうです。精度がいいけれどもDIYで建てられる。DIYでも丸太で建てるのは、僕は苦手です。

曽我部—難波さんがそういう風に考えていることはよく分かります。アルミは、今後どの部分がリファインされていくんですか？この間見せていただいて、まだいろいろ実験ができそうな感じがしましたが。

難波——決定的なのは耐震要素です。アルミエコハウスでは偏心ブレースですが、押し出し形材の壁やフレームをはめ込むやり方などを試行錯誤中です。シェルターはもう少し一般的で、値段も安い構法に替えて、展覧会ではオルタナティブを提案したいと思っています。

曽我部—この間「アルミエコハウス」を見せていただきました。既に見ていた伊東さんアルミの家との差異を見てしまうわけですが、それぞれ面白いと感じる部分が違っていました。難波さんのを見てなるほどと思ったのは、軸組みに置き換えて考えられているところです。アルミでなければ実現できない構法を開発する方向には向かわないで、合理的かつ正確にアルミを考えていった結果、木の軸組工法と同様の架構をアルミで考えるというやり方に至ったんだと思います。最終的にモデュールとの関係で考えようとしていることが予想ができるので、なおさらよく分かりました。

ジョイントをいろいろやられていますね。この間、話を聞いて面白かったのは、足元がピンでなければならなくて、それを実現するディテールができて、それがすごい精度を要求しているから、まだ改良の余地があるという話でしたね。アルミだからこそ、そういう変更や調整が起きるわけです。軸組ではあっても、アルミならではの検討が行われている部分の話はとても面白い。でも、そういうのが起きている部分と起きていない部分があって、たとえば階段は一般的なスチールの階段をアルミ材に変えただけだし、ブレースもスチールの箱の家のブレースをアルミに置き換えたのようです。階段とかブレースのアルミ的な検討は、なんとなく今後のためにとっておいたのかなと感じたんです。

難波——それはスタディにかけた時間が違うからです。時間のかけ方は、いまおっしゃった順番通りです(笑)。階段は一日で図面を描いて、つくってみたら揺れたから補強したという感じです(笑)。

曽我部—あれは何でエコロジーにしようと思ったんですか。

難波——アルミ自体がエコロジーということで再発見され、再評価されつつあるからです。リサイクル可能で長寿命ということですね。でもバージンメタルをつくるとき、とてつもなくエネルギーを食うから、木と比べたらエコロジカルとはほど遠い材料です。もともと難しい材料だから、一般の住宅よりも性能のハードルを高くして、エコにしたりリサイクルにし、熱のことも徹底的に考えた。そうすると現状のライフサイクル・アセスメントのプログラムで評価すると、あまりいい評価は出ないんです。

曽我部—それはしようがないですね。実験住宅のためにハードルを上げたのがひとつの理由でしょうから。比較するのだったら、「箱の家-1」と同じ平面でつくるという手もありましたね。

難波——それは伊東さんとしてはNGでしょう(笑)。いろいろな案を考えて、中庭案が出たときに初めて、伊東さんはやる気になりましたから。

曽我部—伊東さんと平面の形式を一緒にしないといけなかったんですか。

難波——そんなことはなかったけれど、コンパクトな箱型は木造でも鉄骨でもあるし、同じものをアルミでつくったのでは面白くない。都市住宅として高密度な空間に、プライバシーを守りつつ開放的な家をつくるというテーマに持っていき、いろいろスタディするうちに屋外室のアイデアが出てきた。最初、屋外室は外に面していたんだけれど、それがポンと中に入って、それを見た伊東さんが突然「オープンコアがいい」と言った。中庭まわりに偏心ブレースを集めた案です。あとで分かったんだけれど、これは「せんだいメディアテーク」だなと。それでシンクロしたんだと思います。中庭の構造をいろいろスタディしていくと、外壁があるのに、そこに横力を与えないで、中庭に横力を集めるのはいかにもわざとらしいから、これは外そうということでブレースが外側にいった。それでK邸も同時期に動き始めたんです。だから中庭案がスタートですね。

曽我部—両者が半ば共有した感覚で、中庭にしようということになったわけですね。
難波——そう。コンセプトを共有すれば、構法の違いがはっきり浮かび上がる。それはさっき言った、共有部分を持てば違いが分かるということです。伊東さんの場合はモデュールを外し、中庭は屋外じゃなく室内で、構造は壁式です。僕の場合は徹底してアーティキュレートしている。でも、半屋外空間の中庭を生活の中心に置き、室内気候をコントロールする考え方は同じです。K邸で屋根の上に黒いタイルが置いてあるのは、下を空気が通っているからダブルスキンです。僕の場合はそれが浮いている。ボキャブラリーは似ているんです。

ひ弱なアルミで100年住宅

曽我部—次にアルミで家をつくるときには、どこがどういうふうに変わっていくんですか。
難波——シェルターはほとんど変わります。屋根や外壁の構法はもっと一般的なものに変わり、床の構造も押し出し材に変わります。実際問題として外壁や屋根の断熱パネルや、床のハニカムは、音の問題があるので難しい。だから変わらないのは軸組みだけです。
曽我部—今度は実験住宅じゃなくて、実際に建てるものをつくるわけですか。
難波——そう。一般に使えるものに変えます。できれば来年お客さんを探したいと思っています
曽我部—床はともかく、外壁は金属板の内側に断熱材がくっついている製品はいっぱいあるじゃないですか。
難波——それは断熱性能のレベルが違いますね。シェルターには現在の北海道仕様程度の性能を持たせるつもりなので限定されます。OSBの断熱サンドイッチパネルくらいしか性能をクリアするものはないでしょう。
曽我部—その判断のバランスが面白いですね。ひとつ間違えると技術フェチに見えるところがある。
難波——間違えなくても、技術フェチですよ(笑)。目に見えない技術フェチ。
曽我部—でもそれが難波さんの建築を意味づけているわけではなくて、難波さんの建築の特徴は、非常にヘビーデューティな環境や精度に関する問題意識があって、それは当たり前のように処理されていながら、同時に開放的な住宅というような社会的な問題に接続するようなつくり方があって、そのギャップが面白いですね。
難波——ヘビーデューティといっても、ヨーロッパ的な重い建築の安定した室内環境とは違うと思うんです。アルミはめちゃくちゃ軽いのに、とてつもなく熱容量を持っている住宅というのが面白い。
曽我部—軽いのに熱容量があるというのは、アクアレイヤーで実現するわけですか?
難波——そう。構造的にはひ弱なのに100年持つとか。これはアルミでないとできません。スティールでは無理です。アルミだと100年住宅、熱容量も高い住宅とができるんじゃないか。世の中みんなヘビーな住宅というと、僕もやっているけれど、コンクリートで熱容量を持たせる。それもひとつの解法だけれども、そうじゃないものをやってみたい。
曽我部—難波さんが軸組みで解消しているひとつの理由は、壊しても大丈夫というのがあるような気がしますが、コンクリートはそうはいかないでしょう。それはどこかで見切るわけですか。これはもうしようがないやと。
難波——とりあえず問題は熱容量です。いずれはプレキャストに変えたいけれど、まず性能を把握してからという感じですね。
曽我部—僕はアルミはやや自信がないな。
難波——でもコンクリートとは正反対の材料じゃないですか。一方をちゃんと把握すれば、他方も分かる。
室内環境は実際に体験してみないと分からないですね。寒い日に「箱の家-40」に行ってみたんですが、不思議な暖かさでしたよ。床上と顔のあたりと二階と天井が、ほとんど同じ温度です。輻射のせいですが、空気が回っているのか回っていないのか分からない。
曽我部—「箱の家-1」と同じような平面形式なんですか。
難波——そう。一番単純な箱です。床面全体をRCの基礎スラブにして、外断熱した上にアクアレイヤーを載せています。11月に深夜電力のスイッチを入れて、ひと月ぐらいたったころでした。
曽我部—アクアレイヤーって、スイッチは切らないんですか。
難波——冬になる2カ月前ぐらいに入れる。それで3月ごろ切る。冬の間は切りません。あとはサーモスタットのオンオフで自動的に水温を30度ぐらいに保ちます。夜に蓄熱した熱が昼間に放射されるんです。
曽我部—ずっと人がなかにいる環境をつくるためのものですね。
難波——そういうことですね。長い間いないときは水温の設定温度を24度ぐらいに下げて、帰ってきたらまた上げる。切ったまま放っておくと本当に冷えきってしまうから。

みかんぐみ・石山修武・池辺 陽

難波——ギャラリー・間の15周年記念展を見て突拍子もないことを考えたんだけれど、「みかんぐみ」って、石山修武さんみたいだなと思いました。
曽我部—えッ、どうしてですか!?(笑)
難波——石山さんは、ひとヒネリもふたヒネリもしているけれど、できたものは似ている。鋳物でつくったポータブルのシェルターも、石山さんの難民用ライトインフラに発想が似ています。ただ、「みかんぐみ」の方がファッショナブルだけど(笑)。でも僕は石山さんのそういうところが好きなんですよ。昔のアーキグラムのなれの果てみたいなところが(笑)。あれはスティールですか?
曽我部—アルミです。
難波——アルミですか! アルミならいいなと思っていたんだけれど、アルミにリブが入っているから変だなと思った。だったら押出し材にしなくちゃ(笑)。
曽我部—次はちゃんと押出しでやります(笑)。
難波——実を言うと僕は、石山さんは池辺陽の生まれ変わりだと思っているんです。
曽我部—それは発明的であるということ?
難波——発明的だし、技術と建築をどう結びつけるかという発想を持っている。ただ石山さんの方がアーティスティックですね。池辺さんもアーティスティックなんだけれど、それを正面に出さないようにしていた。鹿児島のロケット打ち上げ場の仕事には出ていますが。そういうところも似ているし、僕なんかよりイデオロギーとしては、ずっと池辺的だと思います。そういっても石山さんはぜんぜん喜ばないだろうけど(笑)。
曽我部—僕が生まれて初めて読んだ建築家の本が『デザインの鍵』(丸善1979)なんですよ。僕のいとこが東工大でロボットを勉強したんですね。何かの授業で『デザインの鍵』が教材に使われて、これは面白いからといって、わざわざ新しく買ってくれた。僕は高校生だったんですが、小学校のころから「建築をやる」と言っていましたから。建築についてのまともな本を読んだのはそれが初めてでした。面白かったですね。
難波——あれはもう13版かなんかで、いまだに売れている隠れたベストセラーですね。
曽我部—読みやすいんですよね。細かく分かれているし。
難波——なぜかこれがまた96の鍵なんですね。100じゃなくて。2の5乗×3。
曽我部—なるほど。好きなんでしょうね、そういうのが(笑)。
難波——そう。僕は池辺さんのそんなところが好きなんです。

曽我部昌史 そがべまさし
建築家、みかんぐみ共同主宰
東京芸術大学先端芸術表現科助教授
1962年福岡生まれ
1986年東京工業大学建築学科卒業
1988年東京工業大学大学院修士課程修了
1988-1994年伊東豊雄建築設計事務所
1994-1995年東京工業大学建築学科助手
1995年みかんぐみ共同設立
2001年より現職
主な作品
NHK長野放送会館
高田あけぼの保育園
八代の公民館
SHIBUYA・AX
大町の家など

3rd stage—Sustainability

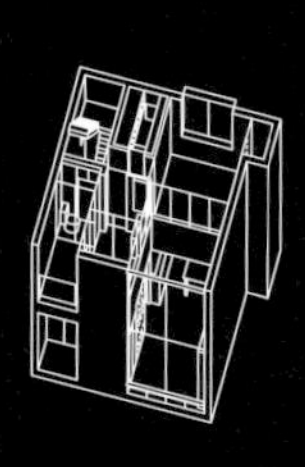

39

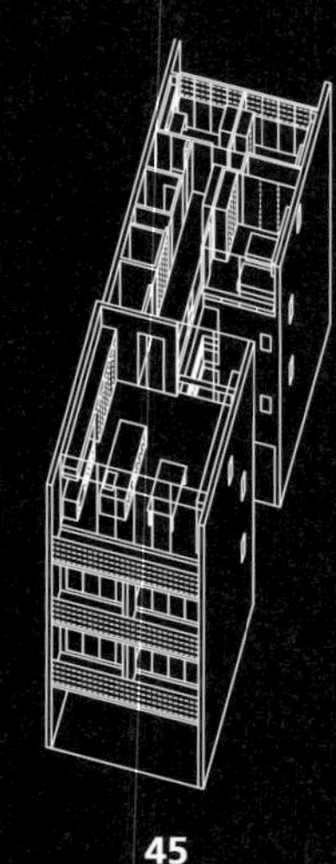

45

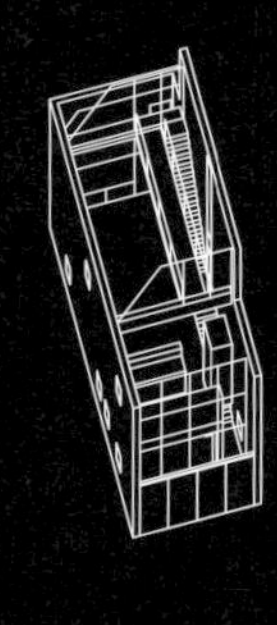

47

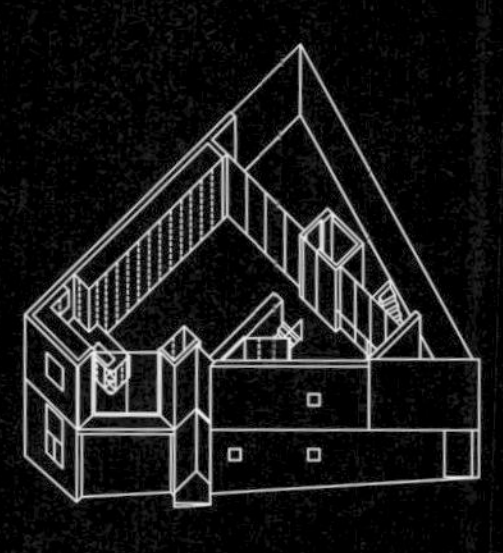

48

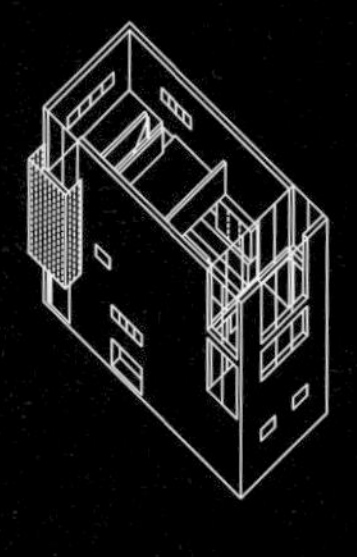

49

第3ステージ：サステイナブル化

建築の4層構造

これからの箱の家シリーズが追求すべき最大のテーマはサステイナブル（持続可能性）化である。この点を明確に把握するために、箱の家のプログラムをひとつの図式として再構成することを試みた。ここで紹介するのは「建築の4層構造」という図式である。これは建築を4つの層の重なりとしてとらえる提案である。
建築は以下のような4つの層によってとらえることができる。すべての建築が、この4つの層を備えている。4層はそれぞれ独立しているが、何らかの関係で結び付いている。
ある層を変化させると、必ず他の層も変化する。しかし、その変化は一義的ではない。
デザインはどの層からスタートしても構わないが、必ずすべての層をチェックしなければならない。4層を調整して、一定の関係に結び付けることが建築のデザインである。

層	様相（視点）	プログラム（デザインの条件）	技術（解決手段）	サステイナブルデザインのテーマ（現代建築のプログラム）
第1層	物理的なモノである	材料・部品 構造・構法	生産 組立	再利用とリサイクル 長寿命化・軽量化
第2層	エネルギーの制御装置である	環境 エネルギー	機械電気設備 気候制御	省エネルギー 高性能化
第3層	社会的な機能をもつ	用途 ビルディングタイプ	計画 組織	家族・コミュニティ 生活様式・都市性
第4層	記号としての意味をもつ	形態 空間	表現 批評	ヴァーチャルリアリティ エフェメラリゼーション

1. 機能主義／プログラム主義とは、第3層を最優先するデザイン思想である。
2. 技術主義／構造主義とは、第1層を最優先するデザイン思想である。
3. モダニズムとは、機能主義と技術主義が絡み合ったデザイン思想だった。
4. これに対し、ポストモダニズム／歴史（形態）主義とは、第4層を最優先するデザイン思想である。
5. 現状のサステイナブルデザイン思想は、今まで忘れられていた第2層を最優先する傾向がある。
6. しかし、本来のサステイナブルデザインは、4層すべてに関わるはずである。

Four Layers of Architecture

The primary theme of the Box House of the future will be sustainability. I have attempted to render the Box House programs in a single diagram to clarify this point. I have here the Four Layers of Architecture, an attempt to see architecture as four layers of elements.
Architecture comprises the four layers outlined below. All architecture has these four layers, which are independent but interrelated. A change in one layer affects other layers. However the changes do not follow a single pattern. Design can begin from any layer, but all layers must be examined. Architectural design is all about adjusting all four layers to a certain relationship.

Layer	Description (Standpoint)	Program (Design requirements)	Technology (Solutions)	Main Themes of sustainable design (Program of modern architecture)
1st layer	Physical thing(s)	Materials, Parts, Structure, Building construction	Production Systems Assembly Systems	Reuse and Recycling, Long-lasting, Lightweight materials
2nd layer	Is an energy-controlling device(s)	Environment, Energy	Electric machinery, Climate control	Energy conservation, High performance
3rd layer	Has social function(s)	Application, Building type	Plan, Organization	Family, Community lifestyle, Urban-ness
4th layer	Has symbolic meaning	Form, Space	Expression, Criticism	Virtual reality, Ephemeralization

1. Functionalism/Program-ism is a design concept that gives top priority to the 3rd layer.
2. Technology-ism/Structuralism is a design concept that gives top priority to the 1st layer.
3. Modernism is a design concept that incorporates functionalism and technology-ism.
4. Post-modernism/Form-ism is a design concept that gives top priority to the 4th layer.
5. The present sustainable design concept has a tendency to give top priority to the 2nd layer, which has been forgotten until now.
6. However, properly speaking, sustainable design should involve all four layers.

アルミ
エコハウス

茨城県筑波市
アルミ造
1999年9月

アルミ・エコ素材住宅

1. アルミニウムの特性
アルミニウムの加工性(押出成形、プレス)を生かした部材開発
軽量化と部品化:単純な構法による工期の短縮リサイクルを前提とした構法システム
2. エネルギー・コンシャス
屋外室とダブルスキンによる気候制御
省エネルギー:屋根・外壁・開口部の断熱・気密性能の向上
自然エネルギー利用:太陽電池、ダイレクトゲインの蓄熱
3. ライフスタイルと住居像
場としての住居:生活の背景としての空間
「内」に開く:最小限の間仕切り、一室空間的住居
自立する個人:家族一人一人が自分の領域を持つ住居
4. 都市性と集合性
標準化による多様なプラン展開
「外」に開く:屋外室を介して外に開く
連続化・集合化可能な住居単位:SI(サポート・インフィル)への適用
5. 空間とイメージ
単純な形態・単純な空間
柔らかな外皮:ダブルスキンと屋外室
アルミニウムの素材感を生かした近未来的な表現

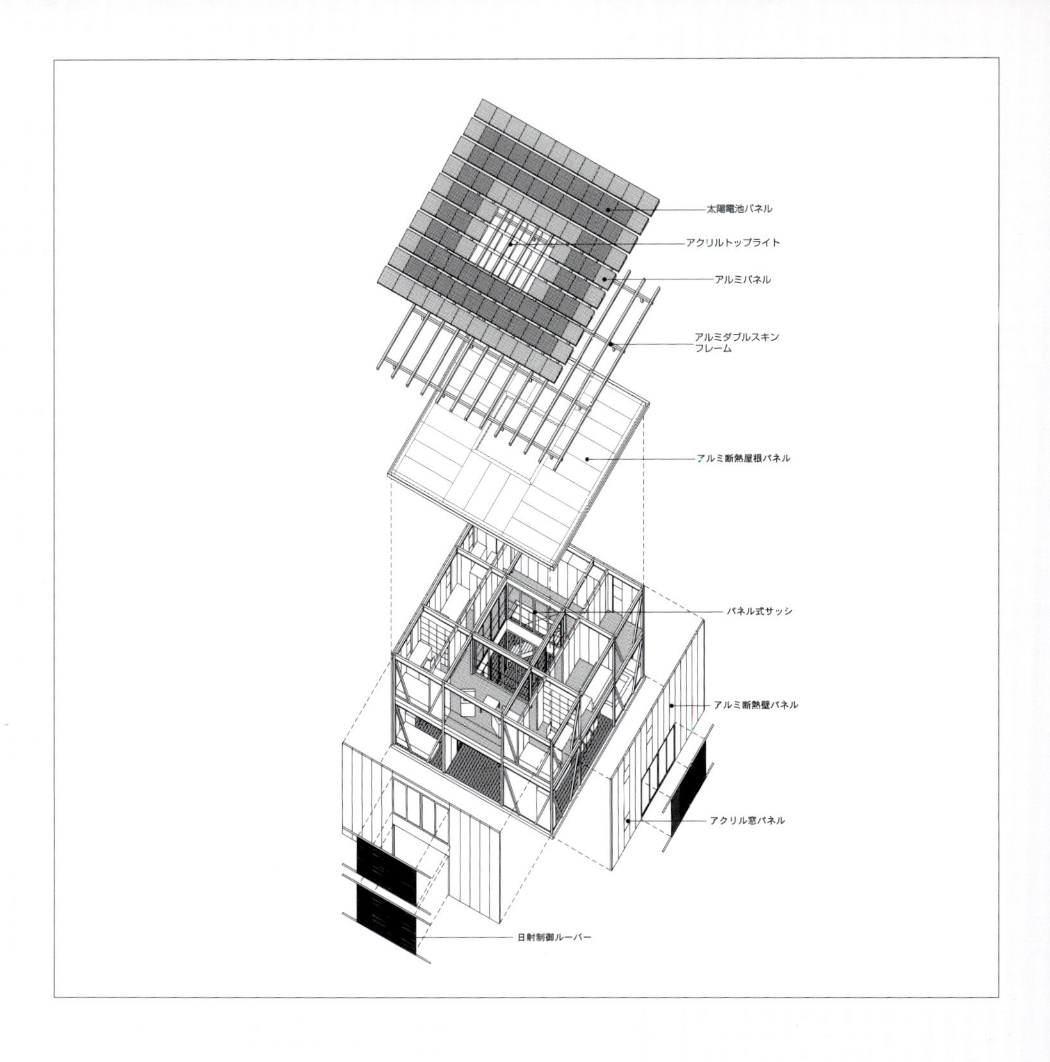

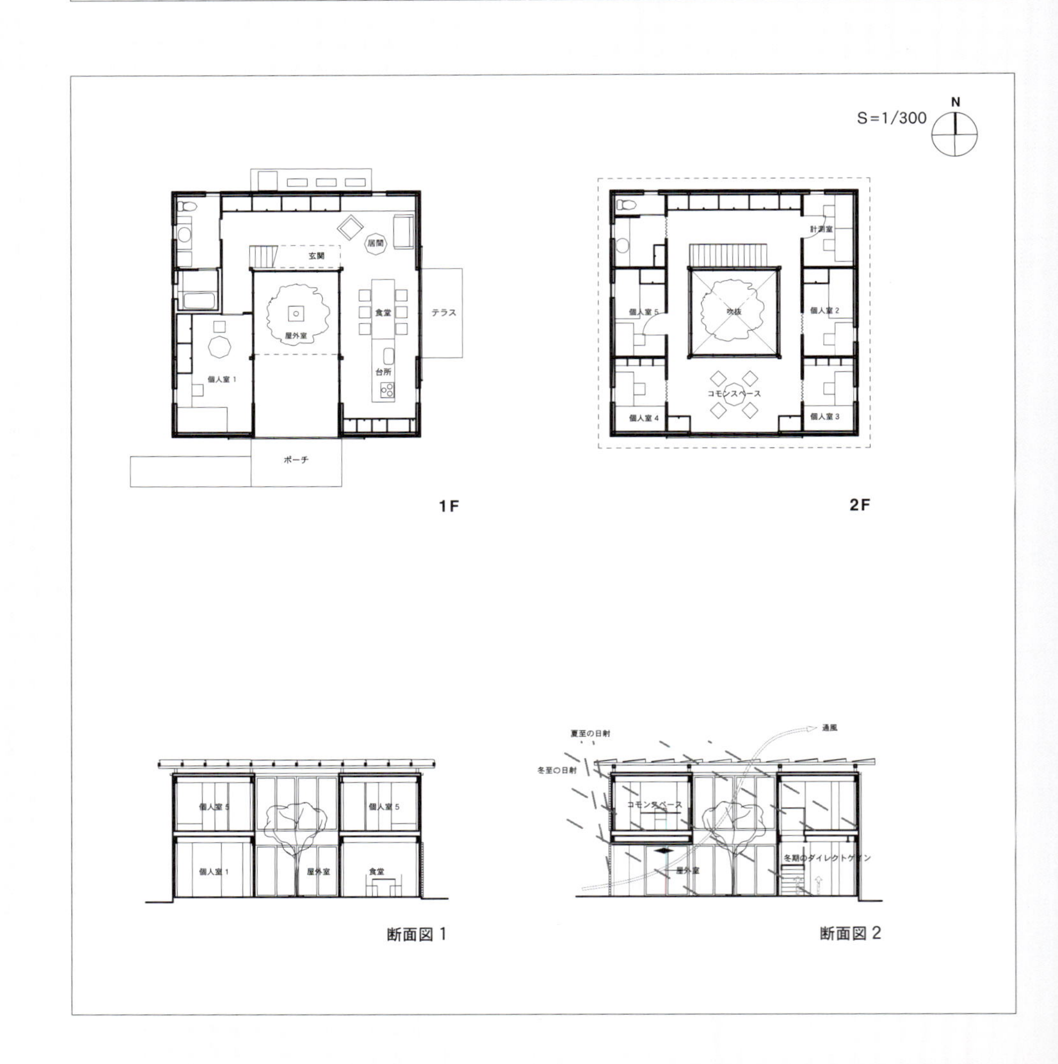
S=1/300
N
居間
玄関
食堂
テラス
屋外室
台所
個人室 1
ポーチ
1F
計測室
個人室 5
吹抜
個人室 2
コモンスペース
個人室 4
個人室 3
2F
個人室 5
個人室 5
個人室 1
屋外室
食堂
断面図 1
夏至の日射
通風
冬至の日射
コモンスペース
冬期のダイレクトゲイン
屋外室
断面図 2

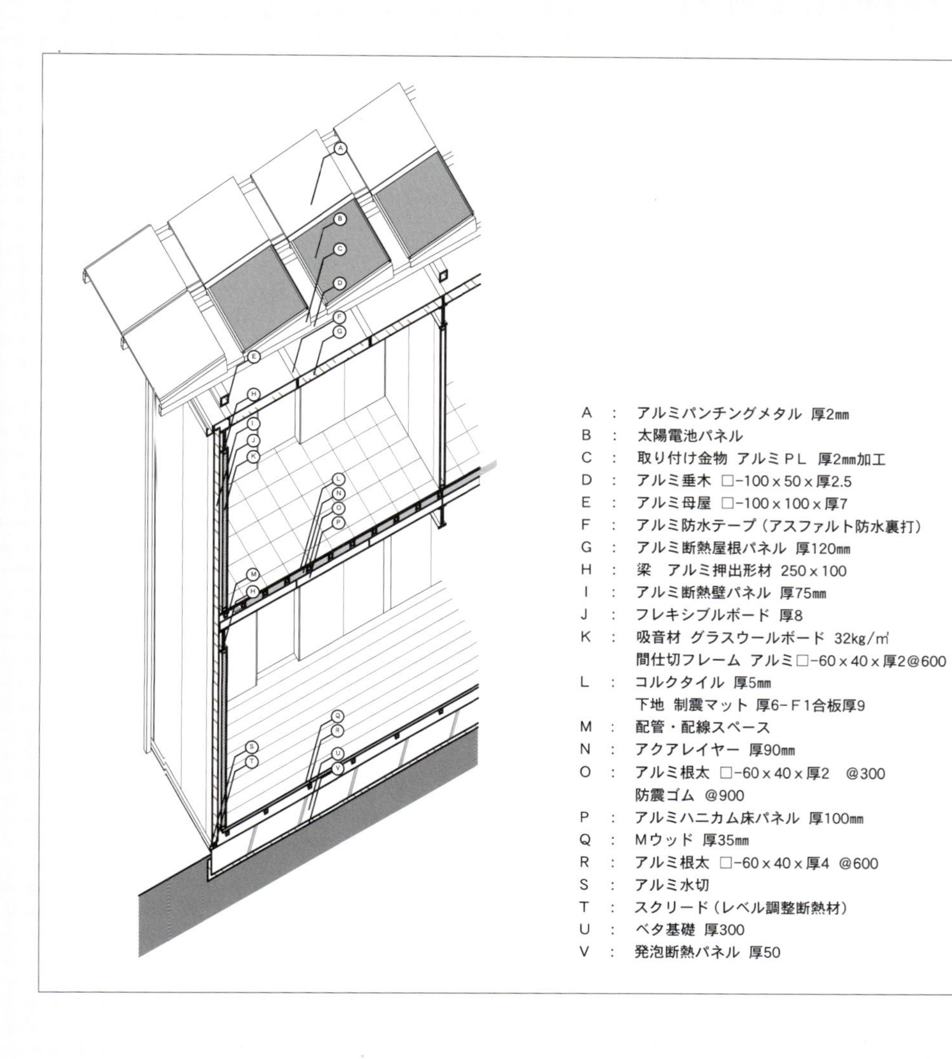
A : アルミパンチングメタル 厚2㎜
B : 太陽電池パネル
C : 取り付け金物 アルミPL 厚2㎜加工
D : アルミ垂木 □-100 x 50 x 厚2.5
E : アルミ母屋 □-100 x 100 x 厚7
F : アルミ防水テープ（アスファルト防水裏打）
G : アルミ断熱屋根パネル 厚120㎜
H : 梁 アルミ押出形材 250 x 100
I : アルミ断熱壁パネル 厚75㎜
J : フレキシブルボード 厚8
K : 吸音材 グラスウールボード 32kg/㎡
間仕切フレーム アルミ□-60 x 40 x 厚2@600
L : コルクタイル 厚5㎜
下地 制震マット 厚6-F1合板厚9
M : 配管・配線スペース
N : アクアレイヤー 厚90㎜
O : アルミ根太 □-60 x 40 x 厚2 @300
防震ゴム @900
P : アルミハニカム床パネル 厚100㎜
Q : Mウッド 厚35㎜
R : アルミ根太 □-60 x 40 x 厚4 @600
S : アルミ水切
T : スクリード（レベル調整断熱材）
U : ベタ基礎 厚300
V : 発泡断熱パネル 厚50

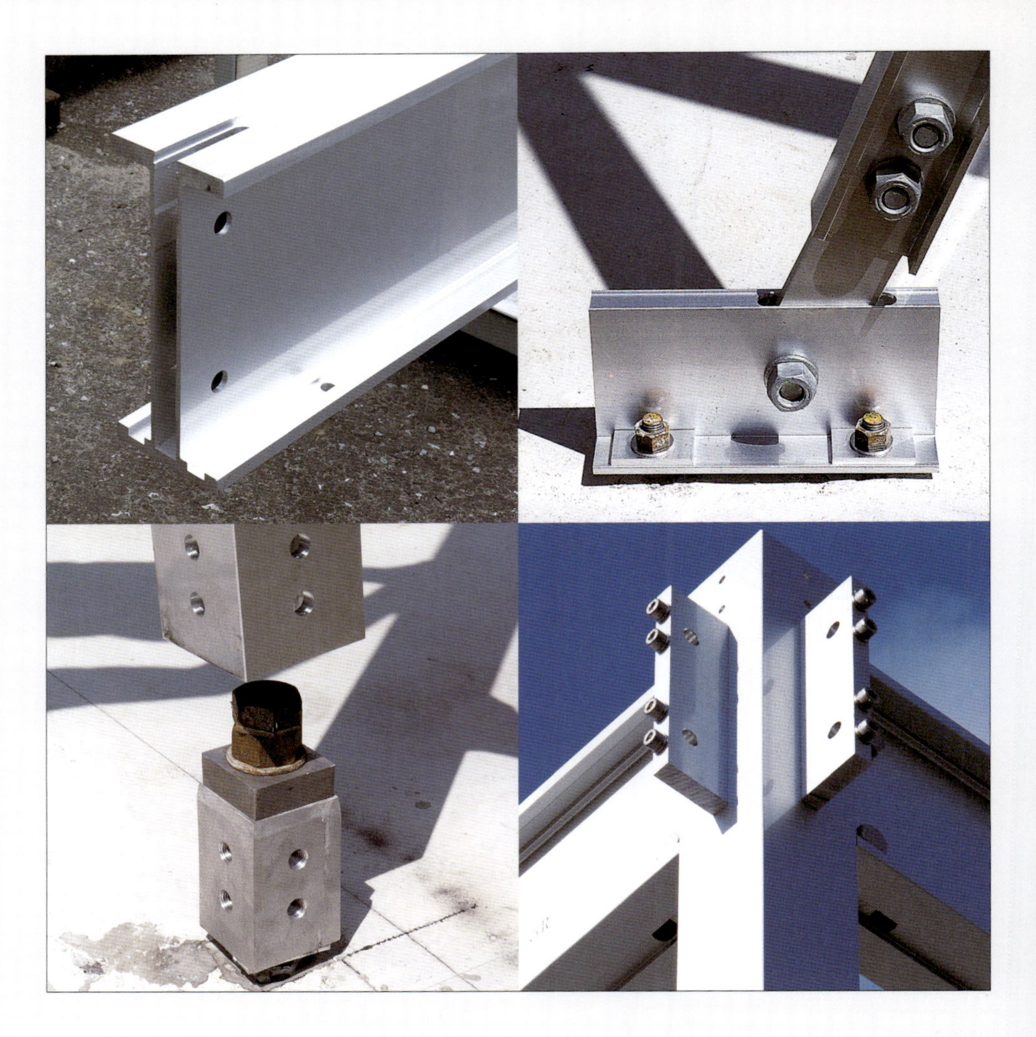

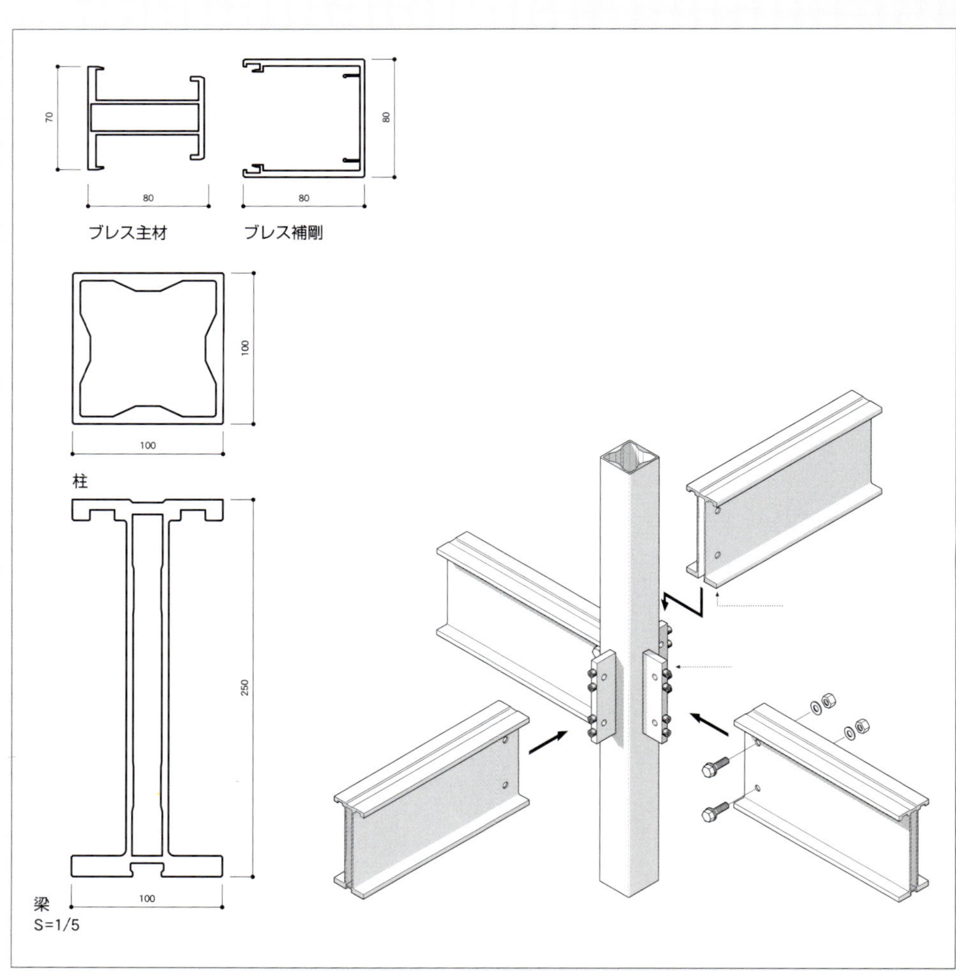
70
80
80
80
ブレス主材
ブレス補剛
100
100
柱
250
梁
100
S=1/5

箱の家―39

田中邸(東京都杉並区)
RC造
2000年8月

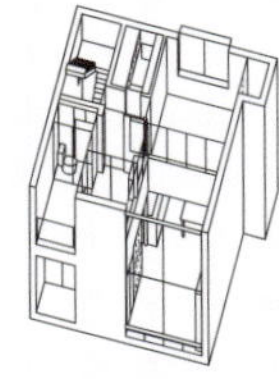

夫婦と幼い子供2人の4人家族のための住宅である。敷地は東京都杉並区で、甲州街道のすぐそばに位置している。周辺は古くからの住宅地で4mに満たない細い道路に面している。交通量の多い甲州街道からの騒音を遮断すること、防火地域であること、前面道路が狭く鉄骨の搬入および建て方が困難であることなどを考慮して、箱の家シリーズで初めてRC造に踏み切ることになった。
7.2m角の平面の1、2階に主要な生活空間をコンパクトにまとめ、3階は成長に合わせて間仕切れる子供室、地下1階は夫婦の趣味のための部屋としている。3階床のグレーチングは採光と通気に有効であり、上下間で人の気配を伝える役割も担っている。
構法面では完全な外断熱を行った。桟で補強した型枠兼用の断熱材を用いることで、捨て型枠を減らすとともに外装材の下地を兼ねて工程を単純化することを目指した。外壁、屋根をダブルスキンにして直射による熱を逃がし、水蓄熱式床暖房を組み込み熱容量の大きい躯体に蓄熱することで室内環境の安定を試みている。

N
S=1/300
子供室
テラス
3F
納戸
寝室
脱衣室
吹抜
ベランダ
浴室
2F
台所
食堂
玄関
居間
ポーチ
1F
倉庫
スタジオ
BF

箱の家—47

A邸（東京都渋谷区）
RC造
工事中

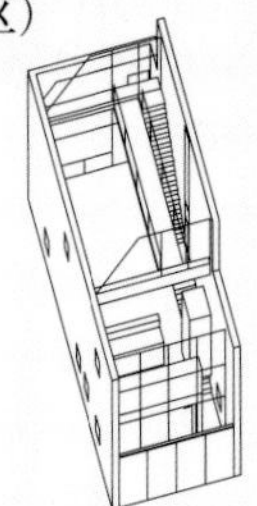

夫婦2人のための住宅である。敷地は渋谷駅からほど近い住宅地にあり、北西側が交通量の少ない道路に面している。間口6m、奥行13mの敷地に法的制限一杯のボリュームを確保し、地上3階地下1階となっている。地上階を主要な生活空間とし、地階を夫婦の仕事場または貸しスペースにもできる部屋としている。構造はRC壁式ラーメン造で、各階とも長手2面のRC壁とフラットスラブにより一室空間を造り出している。南東側の外部3層吹抜けにかけられたグレーチングにより採光と通風を確保している。2階共用部分は天井が高く、外部吹抜けに面した大きな開口部とハイサイドライトにより、開放的な空間となっている。構法面では、外壁に捨て型枠同時打込外断熱パネルを採用し、屋根はダブルスキン構造である。

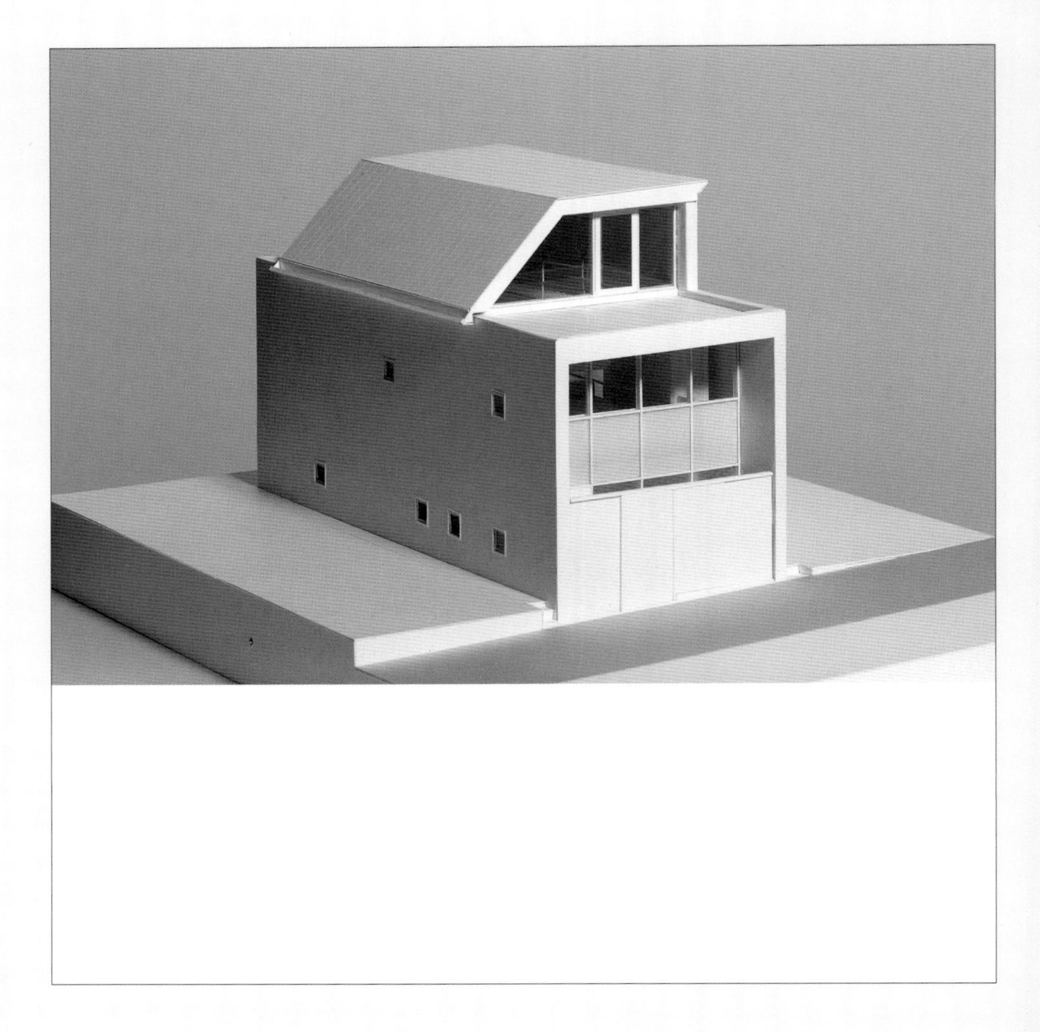

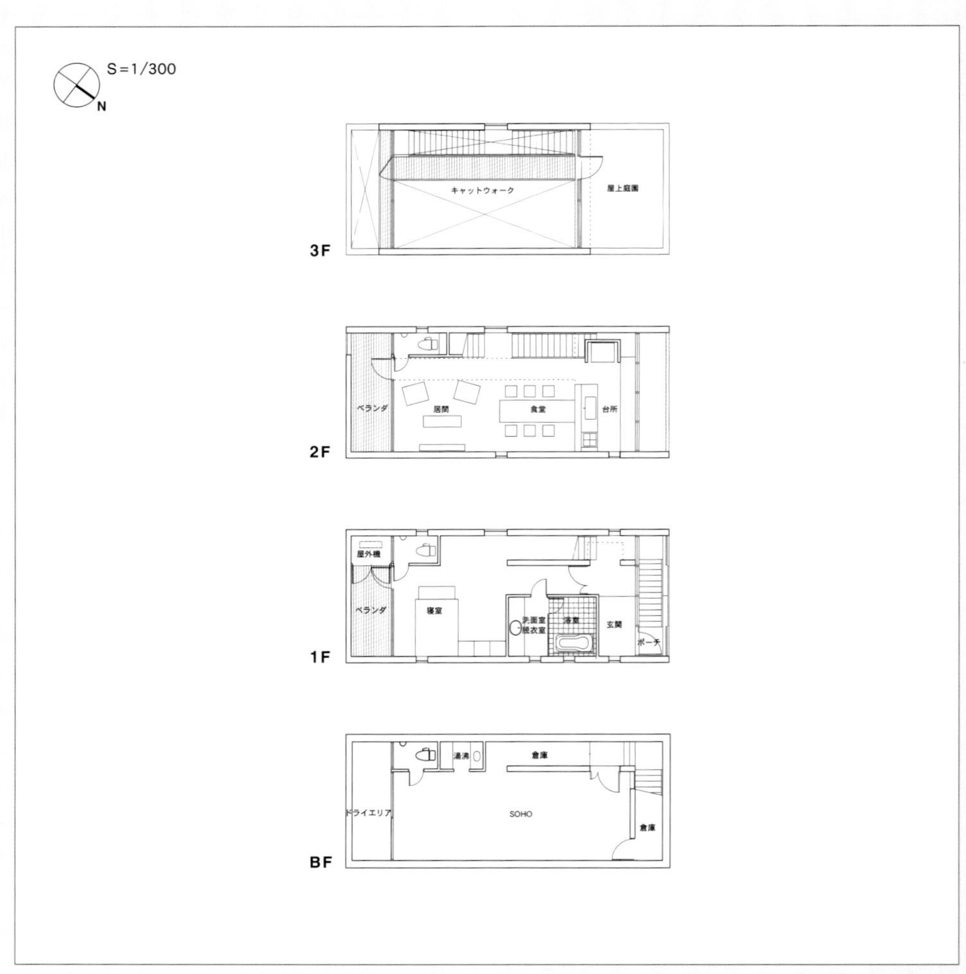

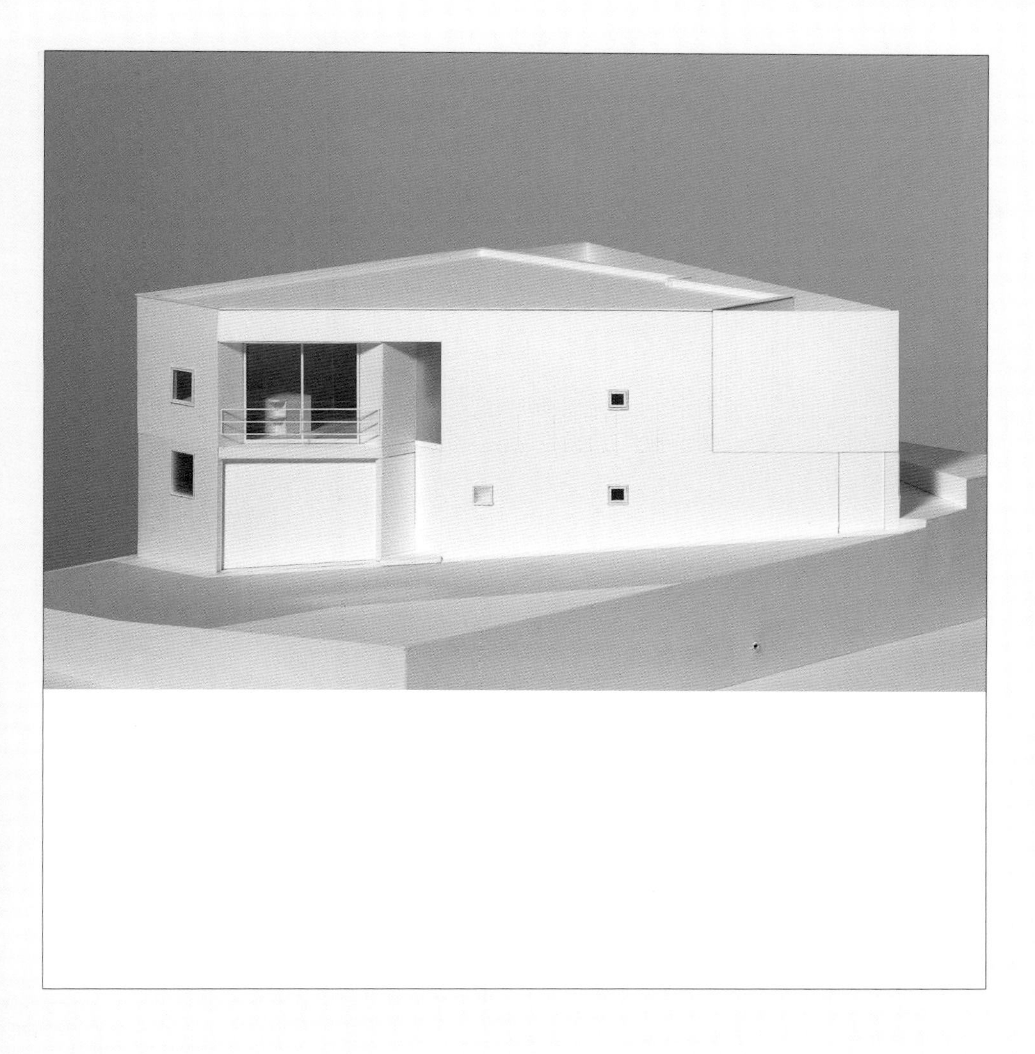

箱の家—48

福島邸(東京都杉並区)
RC造+集成材造
工事中

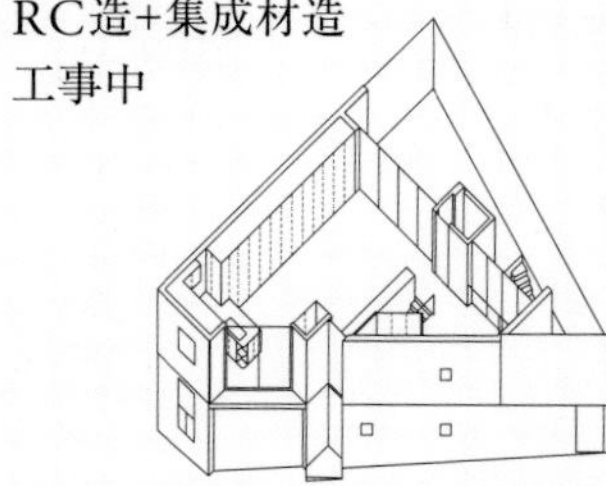

これから老後を迎える夫婦のための住宅である。敷地は大きな公園に面した緩やかな斜面にあり、三角形の形をしている。3台分の車庫がほしいという事、生活スペースを1フロアーにまとめたいという事、居室に面して地続きの庭がほしいという事が条件であった。

敷地の高低差を利用して1階を斜面に半分埋め込み、車庫・納戸・浴室を配し、2階に生活スペースを持ち上げて南側に地続きの庭をとった。庭は光と風を通す高い塀で囲われている。外部空間も含めて台所・居間・食堂・寝室が水平に広がる一室空間となっており、北側の公園に対して開かれている。

2階はLVL(単板積槽材)による分散的な軸組構造を試みた。一階のRC造部には型枠兼用の断熱パネルを打ち込み、LVLの軸組部も断熱パネルによって完全に外断熱している。

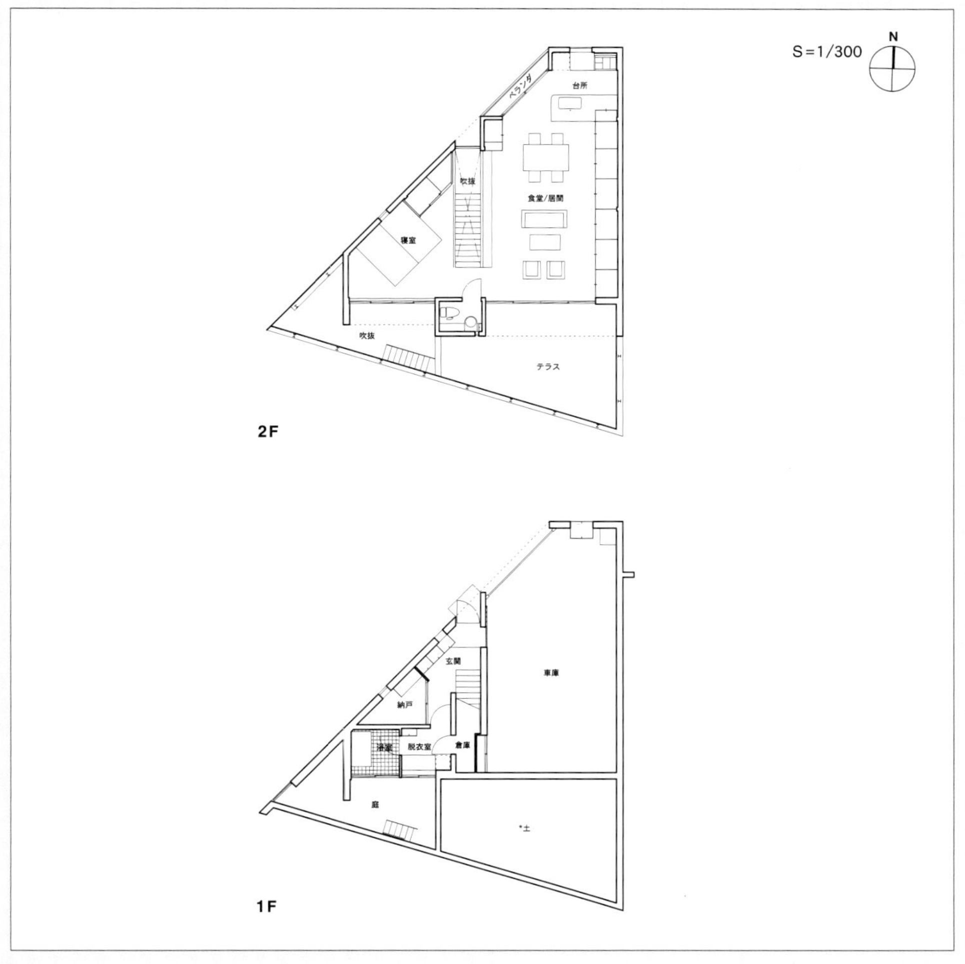

箱の家—45

ビレッジヒル（福岡県福岡市）
RC造
実施設計中

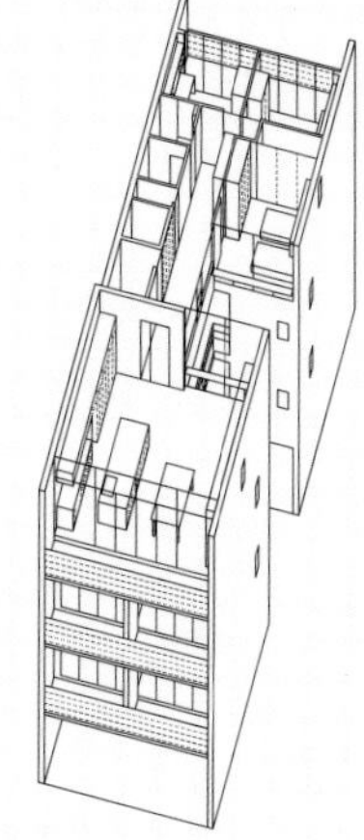

博多の下町に計画中のワンルームマンションつき住宅で、「箱の家」シリーズでは、はじめての集合住宅である。建物は4階建で、1階を共有部分とし、2、3階がワンルームタイプの賃貸部分、最上階がオーナー住宅になっている。ボイドスラブによるRC造トンネル構造のスケルトンを完全に外断熱し、トンネル内に鉄骨と木造によるインフィルを差し込むというSIシステムを試みている。小規模だが、「箱の家」の大きな展開可能性のひとつである。

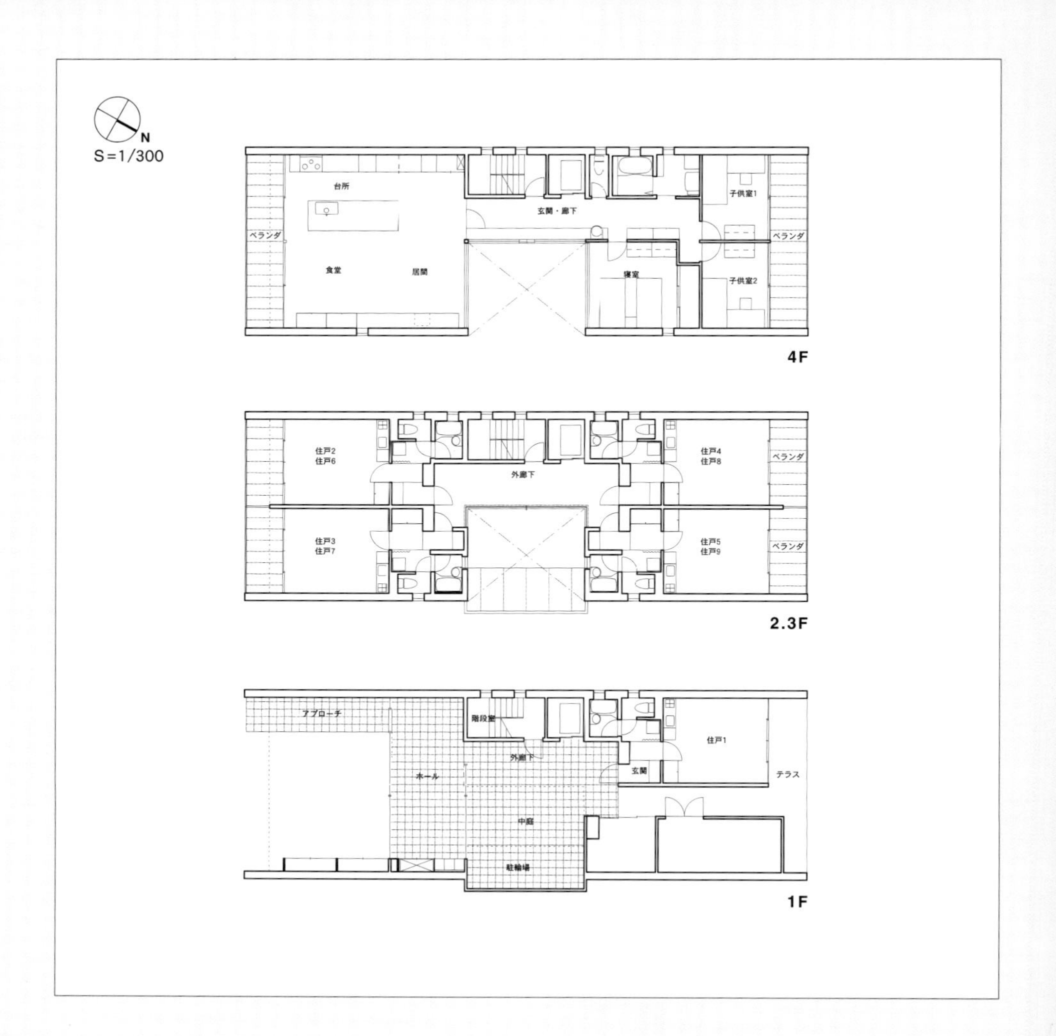

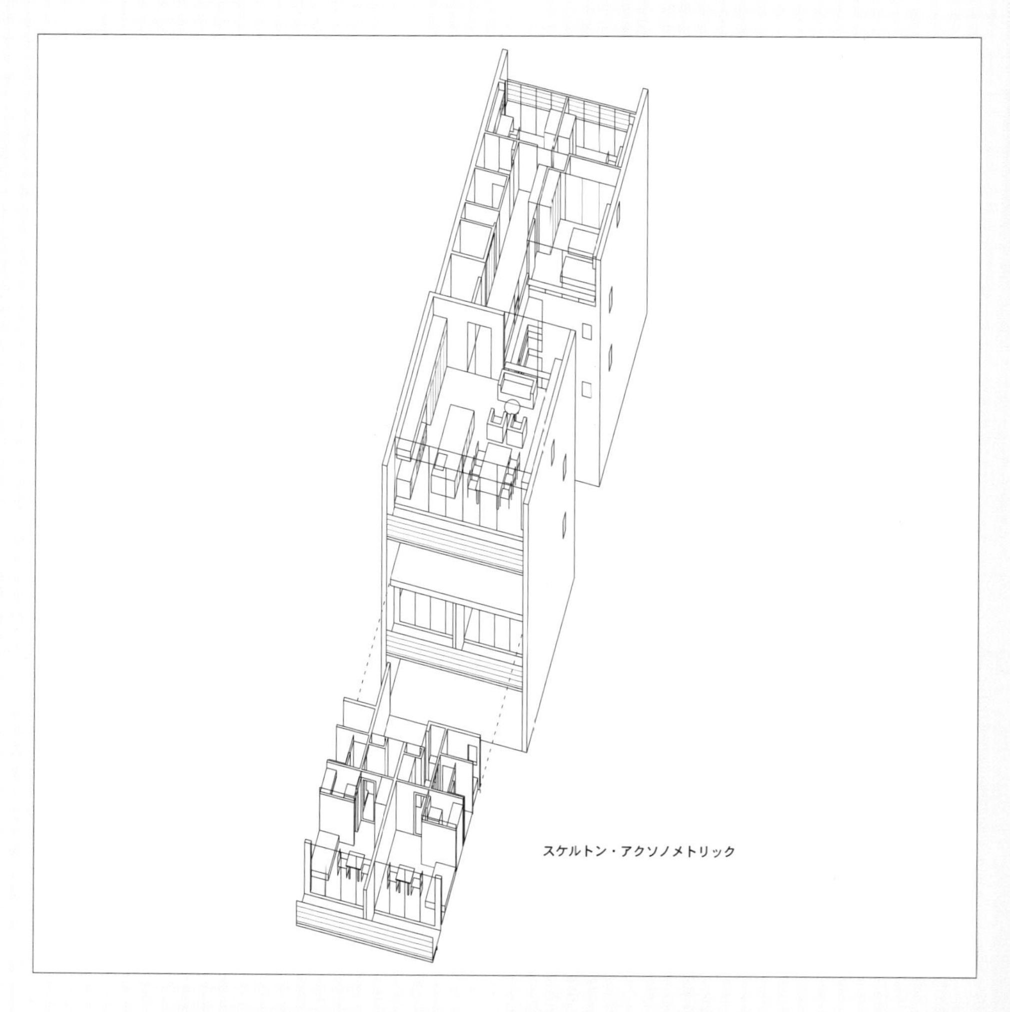

スケルトン・アクソノメトリック

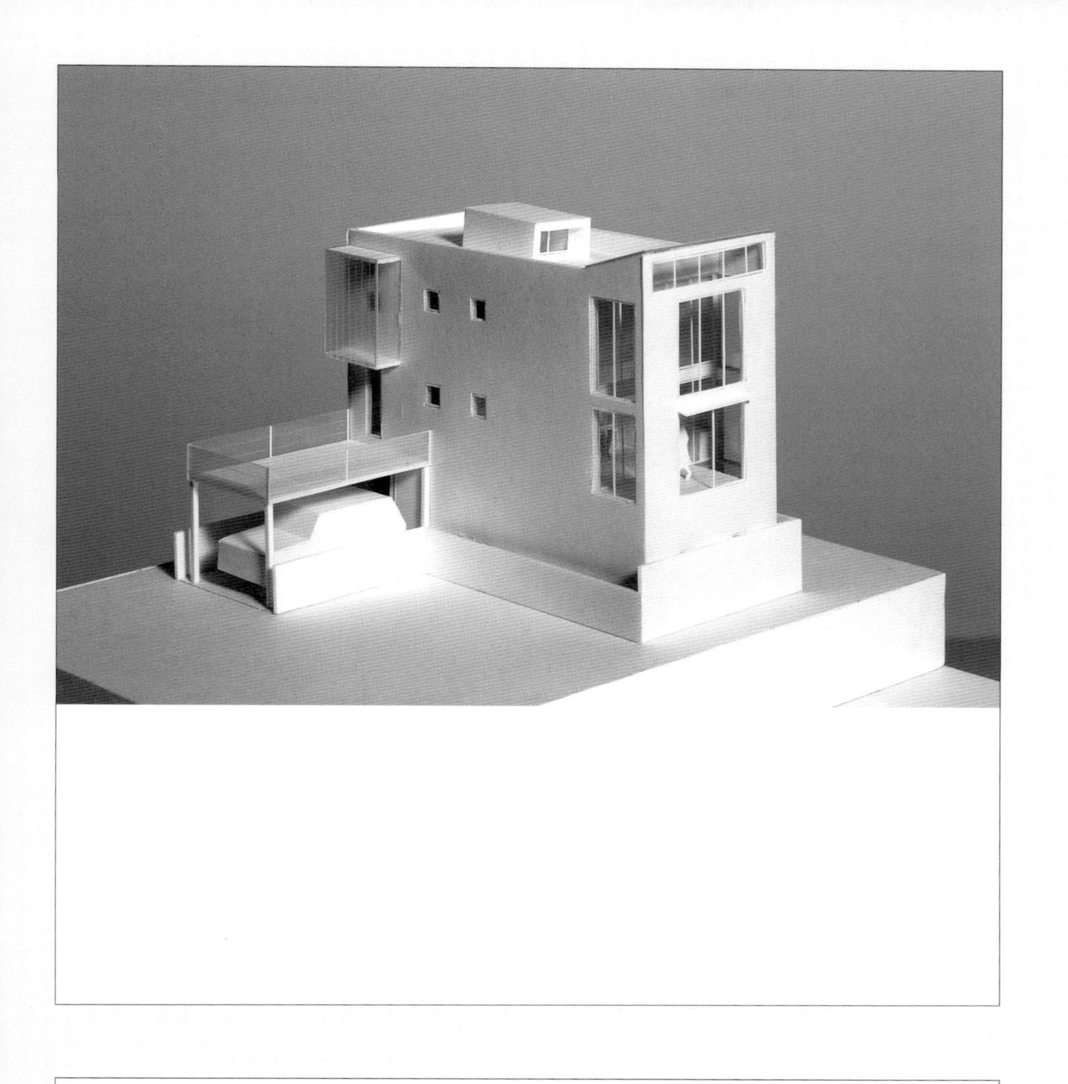

箱の家—49

T邸（東京都文京区）
集成材造（SE工法）
基本設計中

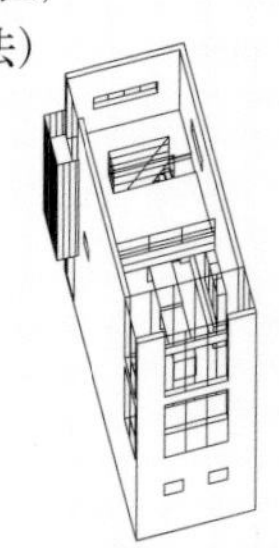

夫婦と男の子3人のための住宅である。敷地は文京区の古い町並みが残る住宅地にあり、表通りから少し奥まったところに位置する。

構造は集成材軸組工法（SE工法）の3階建を採用した。断熱材として使用するSE-Rパネルは、ポリエチレンフォームを挟んだサンドイッチ・パネルで、通常屋根パネルとして使用されている。これを今回は屋根から外壁までSE-Rパネルで全体を包み込むように計画した。またSE-Rパネルは表面材がOSBであるため、アラワシ仕上げとしてそのまま内装材として用いる。2、3階床に入ったアクアレイヤーは自階の他に、輻射によって1階も暖めるよう考えている。

また通気は「箱の家−23」で有効と分かっている庇をもつハイサイド・ライトを設け、採光は北向きのトップライトからとるようにした。

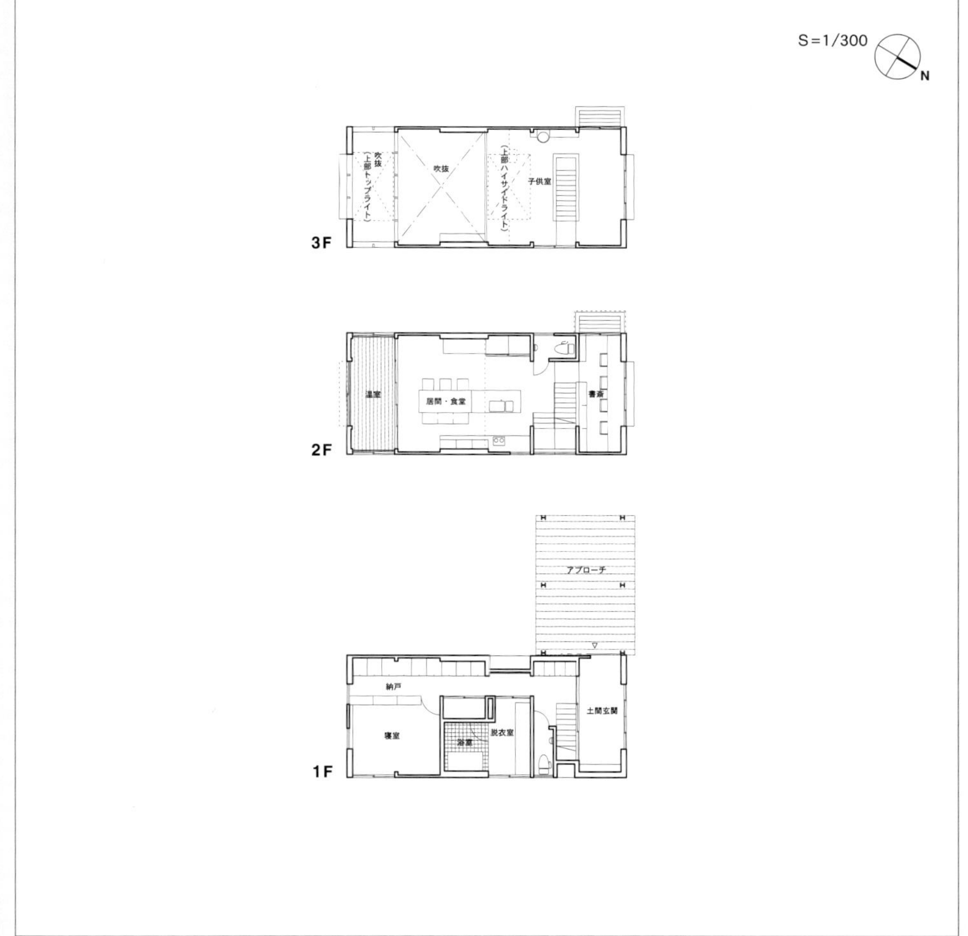

箱の家―44

田園調布タウンハウス コンペ案
（東京都大田区）
RC造
2000年5月

都市型タウンハウスの計画である。敷地周辺は閑静な住宅街で、前面道路は西側に面している。ここでは、要求条件として敷地内で最大の容積率を確保することが求められた。北側斜線が厳しいこの敷地で、この要求を満たすため、地下の規制緩和を使って住居スペースを計画した。
各住戸は9.0m×10.8mを基本ユニットとし、地下1階に寝室+ユーティリティー、1階に個室、2階に家族の共有スペースとして、その中に まとめた。各住戸ユニットは、要求戸数であった7戸を一列に連続して配置されている。これにより、住戸すべてが均等な環境条件を有することとなり、また北側にコンパクトに配置することで、南面の開かれた視界と通風を確保している。
躯体はコンクリートを外断熱することによって、コンクリートの熱容量を内側に取り込み、室内環境が安定されるように試みた。

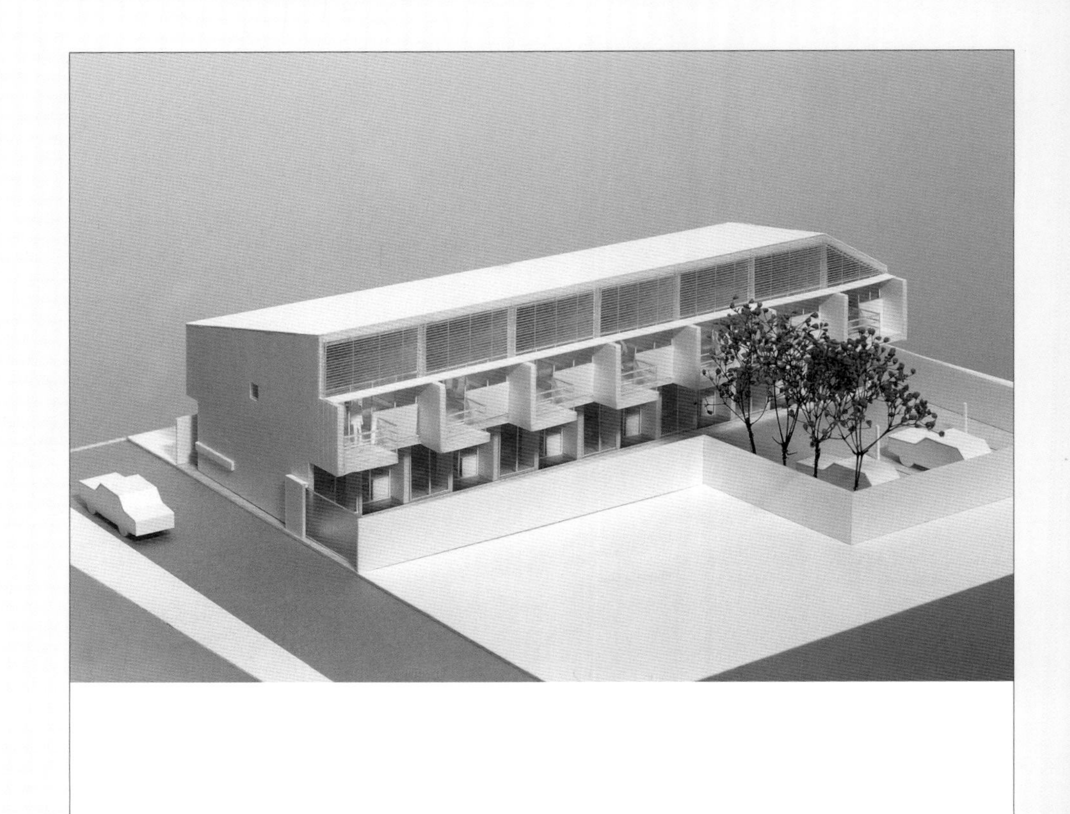

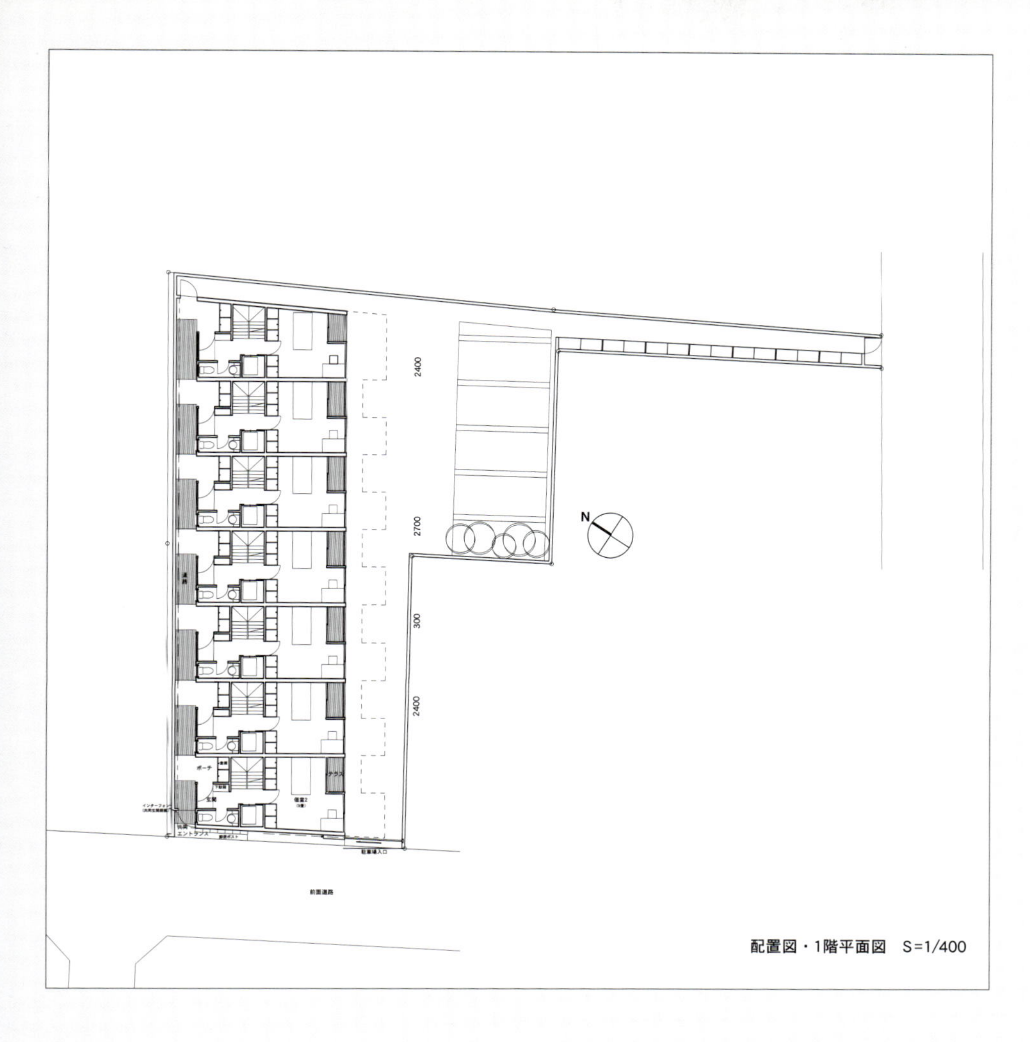

配置図・1階平面図　S=1/400

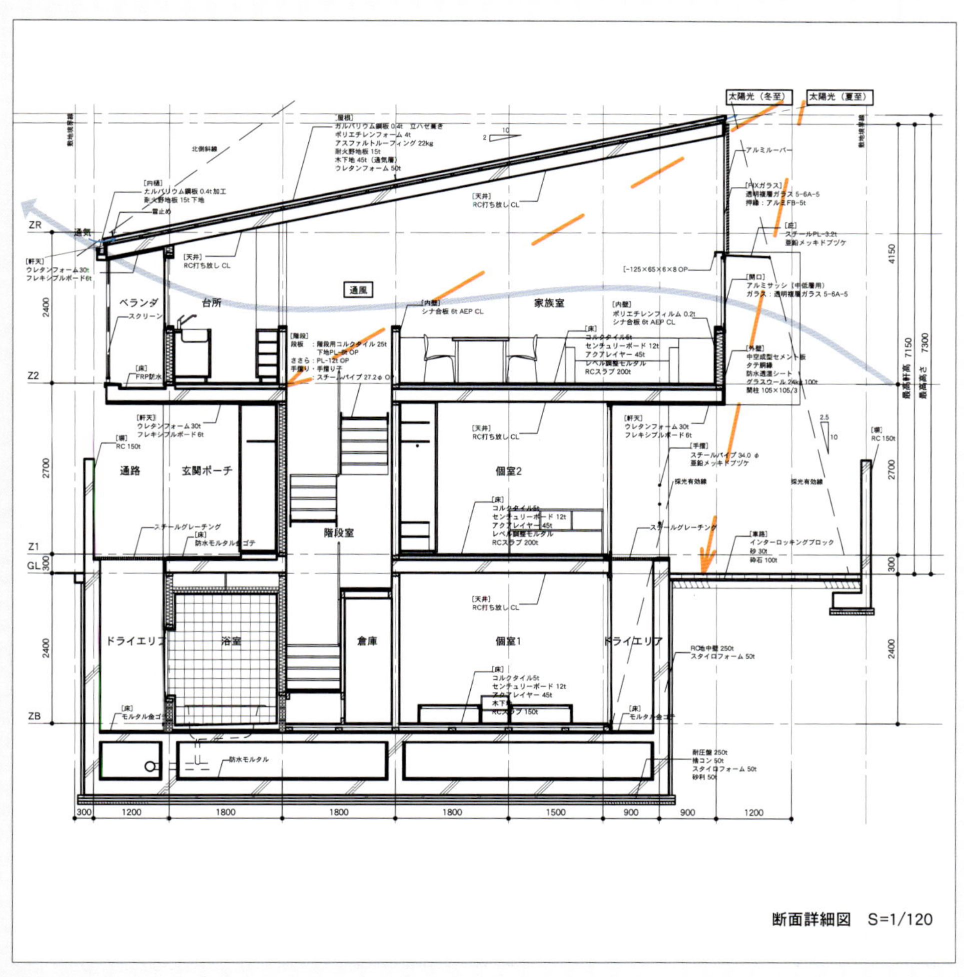

断面詳細図　S=1/120

箱の家—46

長田の町屋 コンペ案
(兵庫県神戸市)
鉄骨造
2000年7月

基本となる考え方

1.一戸建て住宅の長所である、プライバシーや空間の占有性を最大限に生かすこと。
2.一戸建て住宅の短所である空間的な狭さや共有空間の不足を、連続化によって補完すること。
3.単純な構造システムと平面計画によって、フレキシブルで現代的な住居をつくること。
4.都市の自然を取り入れた、省エネルギー住宅とすること。

配置計画

1. 新しい町家割
敷地全体を、南北に細長い短冊状の敷地(約60㎡)に8等分し、一戸建てでありながら連続する新しい町家割をつくる。
2. 路地
北側の3敷地と、南側の5敷地が接する東西の境界に「路地(私道)」を通し、北西の敷地境界にそって伸ばし、北側道路へ抜けられるようにする。これは各戸が利用できる「裏路地」となる。
3. 通り庭
すべての住戸を敷地の西側いっぱいに寄せ、南北に抜ける「通り庭(一間幅)」を確保する。これによって、南北の風道が生まれ、敷地全体にループ状の共用動線がつくられる。
「通り庭」は、住戸のプライバシーを確保しながら、道路へと開かれた半公共空間であり、サービス通路であり、時には近所の子供たちの遊び場となり、採光と通風を確保する装置となる。
4. 細長い家
各住戸は、間口1間半、奥行7間の細長い3階建てで、中央部に階段を置いた、効率的な平面計画によってまとめられてる。

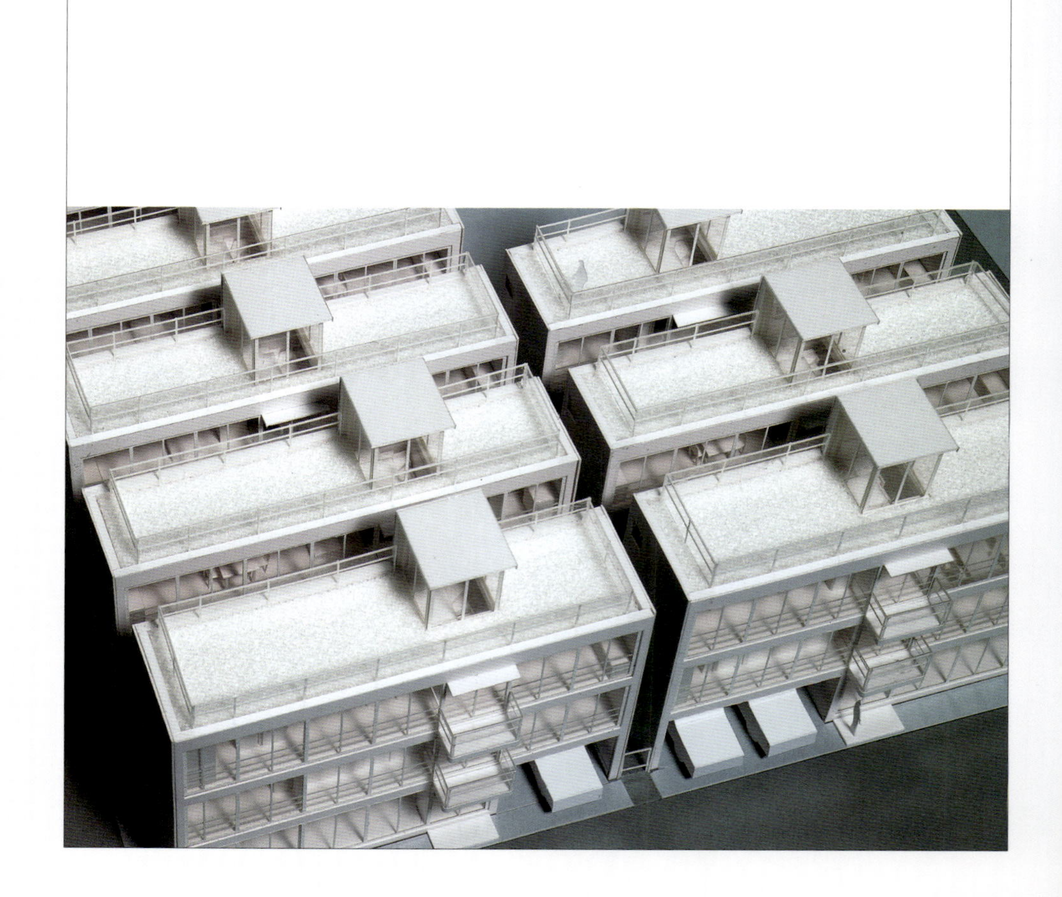

配置図・1F平面図　S=1/400

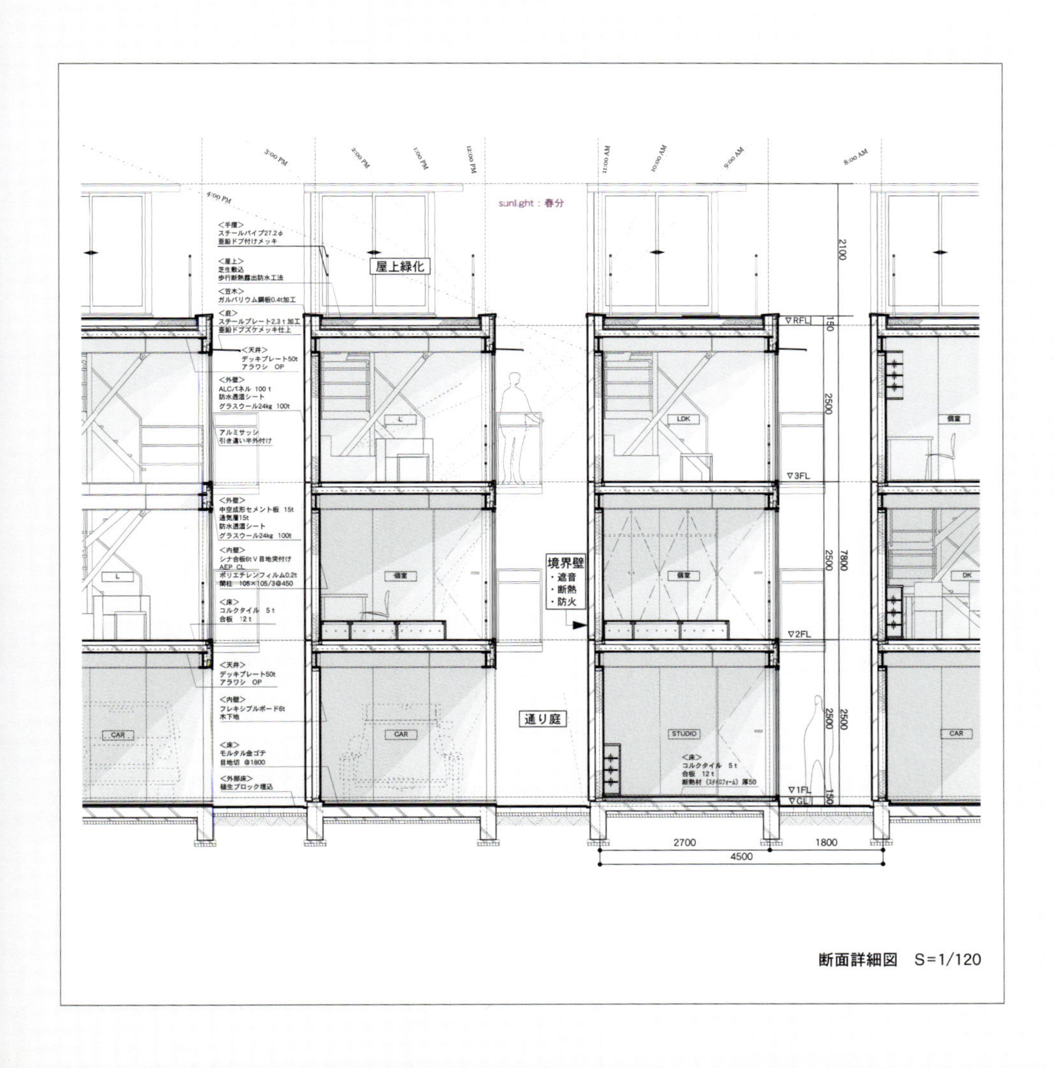

断面詳細図　S=1/120

アルミ・スケルトンインフィル（SI）システム

RC造+アルミ造
2001年3月

SI（スケルトンインフィル）システムの構築

アルミ構造住宅の集合化の提案である。アルミは、その加工精度の良さにより、組立、解体が他の材料に比べて、極めて容易である。このアルミの特徴を生かした集合化システムとして、スケルトンインフィルシステムがある。アルミ構造のインフィルと鉄筋コンクリート構造のスケルトンによるアルミ構造住宅集合化システムを構築する。

SI（スケルトンインフィル）システムの特徴

・スケルトンを鉄筋コンクリート構造とし、インフィルをアルミ構造とする。
・スケルトンRC構造の平面モデュールは内法で間口方向7.2m（3.6m×2）、奥行方向10.8m（3.6m×3）、断面モデュールは、階高5.6mとする。
・インフィルアルミ構造の平面モデュールは3.6m×3.6mとする。
・インフィルの1住戸は、間口2スパン（7.2m）、奥行き3スパン（10.8m）で2階建とする。
・どの住戸にも、2、3建案でも採用している2層吹抜の室外室が配置される。
・1階は、SOHOを含んだ住戸を配置している。
・各住戸とも南北面のアルミ断熱サッシ+アルミルーバーによるダブルスキンで環境制御を行う。
・縦動線は、スケルトンの1スパンを階段室ユニットとし、鉄骨階段、トイレ、ホール、EVが配置されている。
・屋外避難階段を北立面に直階段でつけている。
・スケルトンインフィルともに断熱パネルで覆い、完全な外断熱としている。

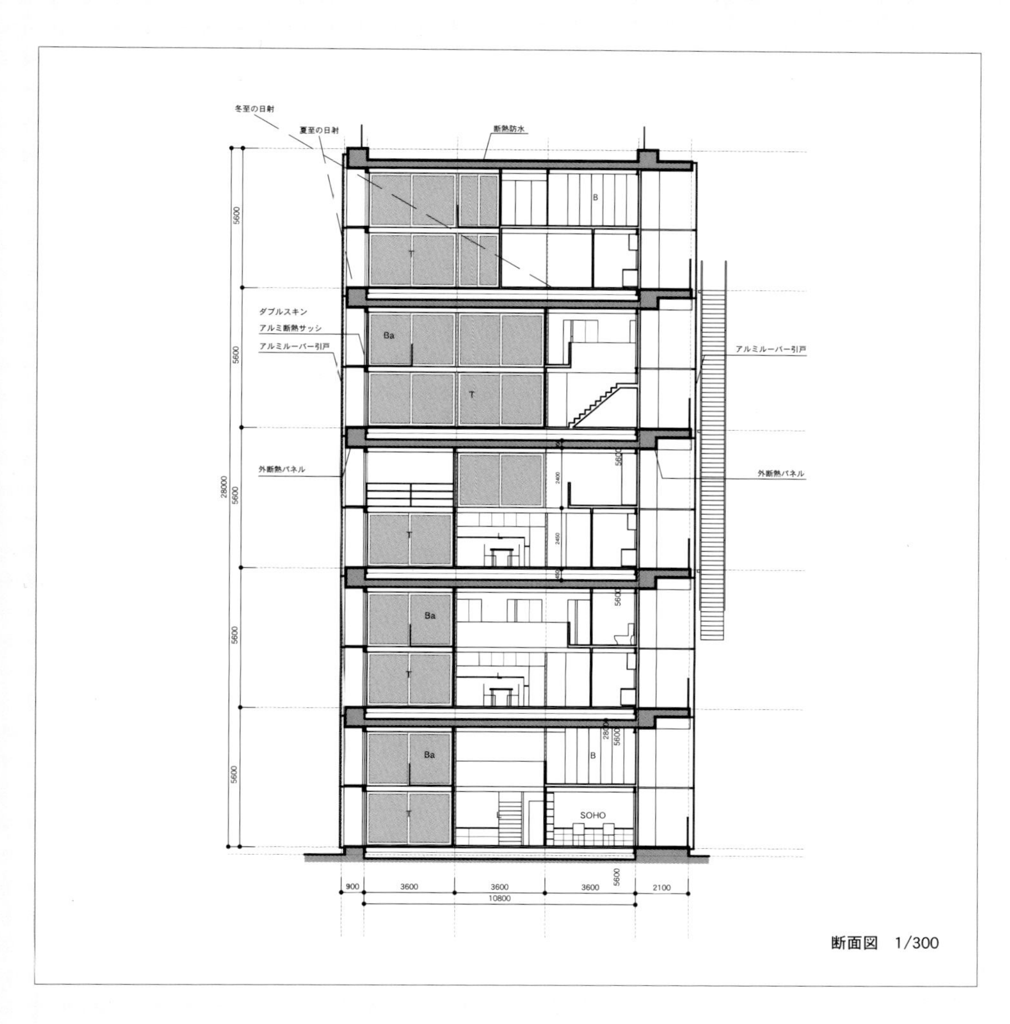
冬至の日射
夏至の日射
断熱防水
ダブルスキン
アルミ断熱サッシ
アルミルーバー引戸
外断熱パネル
アルミルーバー引戸
外断熱パネル
SOHO
28000
5600
900
3600
3600
3600
2100
10800

断面図 1/300

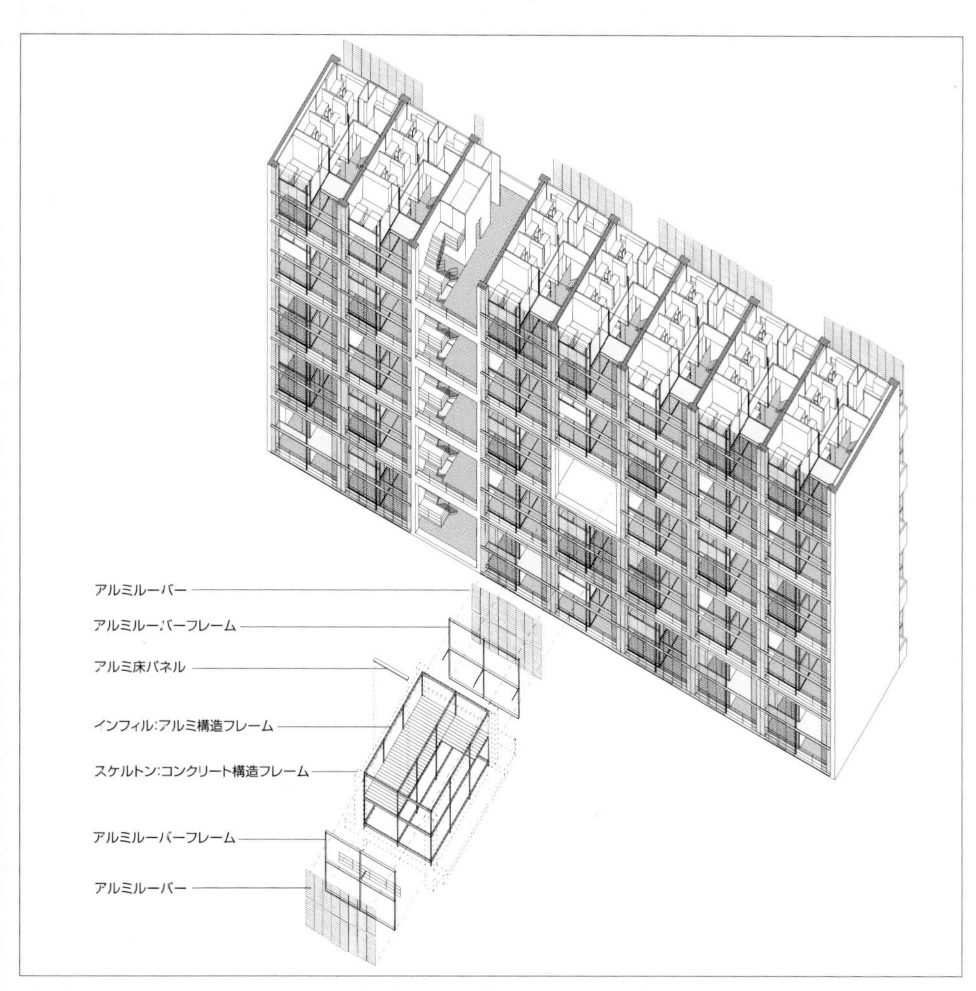
アルミルーバー
アルミルーバーフレーム
アルミ床パネル
インフィル:アルミ構造フレーム
スケルトン:コンクリート構造フレーム
アルミルーバーフレーム
アルミルーバー

技術史からサステイナブル・デザインへ

難波和彦
対談—中谷礼仁

技術論的アプローチ

難波——最初に中谷さんを知ったのは『国学・明治・建築家』（蘭亭社1993）で、すごい歴史家が出てきたなと思いました。『数寄屋の森』（丸善1995）もすごく面白かった。これまでのようなとらえ方とは違って、建築史に対して技術論的なアプローチをとっている。僕はその点に興味を持ちました。磯崎さんとの『磯崎新 の革命遊戯』（TOTO出版1996）でも、数寄屋を職人組織の面からとらえているのが面白かった。僕も技術に興味があるので、今日はその辺を突っ込んで話してみたい。

中谷——技術論という面で見ていただいているのは大変ありがたいです。建築史には、前提にゼンパーとリーグルの対立があるように、下部構造が建築のかたちを決定するのか、あるいは美的な問題が建築をつくっていくのかというのが、外せない難問なのです。でも現状は様式史と技術論に交流はほとんどありません。建築史とは名ばかりの故事来歴的な建築紹介も、僕はほとんど興味がなかった。そのときに考えたのは、一番観念的なところと一番実践的なところは実はどっちも見えにくい。だからくっついてしまったりすることもあるのだろう。両方から見れば、その間にある建築も、おのずと見えてくるだろう。そんなスタンスがこれまでの僕の仕事全体に通底していると思います。
難波さんのやられていることも、けっこうそれに近いと思います。律義なエンジニア的で、いわゆる美的な問題をあまり口では言わないし、表層的な部分に関しては否定的なところがある。でも技術の奥深いところを考えていくと、それが美的な状態に転化することがある。その瞬間に全身全霊を懸けていて、ちょっと堅すぎると思う面もあるけれど（笑）、そこら辺が明快に出ている希な建築家だと思います。

「箱の家」を成り立たせる敷地

中谷——「箱の家」は2作拝見しました。初期のものと、後半の大阪でやられたものです。「箱の家」に関しては、当時から肯定的な見解、批判的な見解がいろいろ出ていました。でも基本的には建築家とか作家の主体性をめぐる問題に終始しているところがある。「箱の家」には主体性がないとか。そういうモチーフは個人的には興味がありません。「箱の家」という存在が、難波さんが考える範囲を超えて、なぜポピュラリティを獲得したのかという面に関しては、あまり指摘されてこなかったんじゃないか。難波さんが考える以上に、「箱の家」は在来の住まいのタイプを無意識のうちに受け継いでいるんじゃないか。まあ難波さんにしてみれば気にくわないと思うけど、よく考えれば光栄なことでしょう。
『箱の家に住みたい』を読んで、なるほどと思うところがありました。たとえば難波さんはモデュールを大切にされますが、1.8mと3.6mのモデュールを、在来工法だから、ローコストだからといったことでたぐり寄せた瞬間に、それはある種の歴史性を背負ってしまう。無意識のうちに尺寸がやってくるわけです。
もう一つは敷地形状の特性だと思ったんです。大阪の物件の敷地はちょっと「箱の家」にそぐわないところがあった。というのは町家的なうなぎの寝床みたいな敷地でしょう。それだと「箱の家」の持っているかたちがあまり出なくて、町家のイメージの方が勝ってしまった。「箱の家」には基本的には正に近い方形で、それを許容する敷地という条件がまずあるんじゃないか。都市住居というよりは、近郊の中規模農家とか中流の武家屋敷に近い。結構コンサバなんです。
そういった面から考えると、「箱の家」を成立させている寸法や敷地という条件が、実体的なレベルでも抽象的なレベルでもひとつのベースになっているところがある。それと難波さんがやろうとすることとがうまくかみ合ったときに、ひとつのステレオタイプに至ったことが判明する。それが非常に面白いと思う。ほめてんだか、けなしてんだか分かりませんが（笑）。

難波——わかるような気もしますが、僕の意図とはちょっと違います。敷地割りが関西と関東で違うせいもあるけど、僕としてはむしろ町家をベースにして、関東と関西の敷地それぞれに適用し、結果的に対照的な2つの答えになったのだと考えています。武家屋敷の敷地には方向性がないから、「箱の家」にはそぐわない気がしますが。

中谷——大河直躬さんの『住まいの人類学』（平凡社1986）で知ったんだけど、近世の中流武家住宅は、20坪そこそこの一戸建てで、それに土地形状もよく似ている。もちろん武家住宅自体に未来はありませんが。

難波——それは長屋のように集合しているんじゃないですか。一戸建てじゃないでしょう。

中谷——いいえ、一戸建てです。連続はしていない。

難波——そうすると、それは武家屋敷のミニチュア版ですか?

中谷——要は昔版の「狭いけれども楽しいわが家」です。明治村に移築されている夏目漱石や幸田露伴の住まいもその系統です。そういう連続性って、ここ200年ぐらいはあるんじゃないか。いわゆるインテリの清貧好みというか。そういったことを考えると、「箱の家」のクライアントの趣味や階層にも近いし、その部分は指摘できるんじゃないかなと思ったんです。

難波——それは僕も勉強しないと答えられないけれども、建ち方の問題だけでいえば、僕は一戸建てで単独に建てている意識はありません。街路に対して開いた住宅のティピカルな答えを追求し、それが連続することを想定している。その敷地でしか起こらない条件に、センシティブに応答することはあまり考えていないんです。

中谷——僕の言ったのは、もちろんセンシティブな反応以前の条件的問題です。まさに特殊解から普遍解がぽんと出るように、余計な夾雑物を除いていって、最終的にこれは外せないといったところになると、なぜああいう開かれた「箱の家」になるのか、このプロセスを解明する必要があります。

池辺陽を現代に引き継ぐ

難波——アルミエコハウスも見てもらいましたが、どんな感じを持たれましたか。

中谷——アルミエコハウスを成立させているアルミ業界の生産関係と建築的構成法、その相互のフィードバック的展開の可能性が最終的な興味になってくると思います。それと在来木造を使った「箱の家」との違いも、むろんあると思います。

難波——「箱の家」は池辺陽のコンセプトを現代に引き継いでいるつもりだし、アルミもそうなんだけれど、池辺さん自身が歴史は勉強したけれど、歴史的意識を持ってデザインしていたわけじゃないので、同じ面は僕も引き継いでいると思います。中谷さんが言う技術史と様式史の対立のように、エンジニアリング的アプローチが、歴史的アプローチと交差しにくいことが、「箱の家」を位置づけにくいひとつの原因じゃないか。構法的、性能的、エンジニアリング的な面だけに注目して、あえて文化的、歴史的側面を外しているように見せている。僕は意識的にやっているつもりだけれど、それがねじれた捉えられ方をされる原因じゃないかと。

中谷——難波さんからみれば、ねじれていることになる（笑）。池辺陽は戦前までは非常にエスティティシャン（美学者）だったのが、戦後になると180度転向する。これは難波さんは確信されていると思うけれども、単なる転向じゃないですよね。

難波——そうですね。

中谷——つまり、美を捨てて、単純な技術論者になったわけではない。戦中の経験もあるんだろうけど、表層的、実効的、疎外された美がいやでたまらなくて、むしろ技術論をつきつめることで新しい美的段階に立ち至ることができないかどうかというテーマを、本人は至極まじめに追求していたんじゃないか。鹿児島の宇宙センターの建物をみると、そうとしか思えない。そういった意味で、難波さんはそこら辺を非常に自覚的にやっているけれども、あまり口に出さないから、ねじれているといわれるんじゃないか（笑）。

機能美と『建築的無意識』

中谷——昔から不思議に思っていたんだけれども、坂口安吾が『日本文化私観』（近代文学館1969）で美について書いていますね。築地でミニコミ誌みたいなものをつくっていて、校正によく行っていたと。そのときに築地の聖路加病院をみて、いいなと思うんだけれども、その横にドライアイスの工場があって、それは聖路加のお菓子みたいな建物に比べると、全くなんの美的配慮も払われてないにもかかわらず、非常に心にしみるような美を持っていると感じたと。それを敷衍して、よけいなものがついていたら作品としては成立しない、必要あるのみであるということを坂口安吾が書いていた。
僕はそれがいやでたまらなかった。たしかにドライアイスの工場の美はよく分かる。にもかかわらず何が問題かというと、美的配慮を払わなくても美しいものができるのだったら、何も考える必要はないという話になっていくと思って、それをどう解釈すればいいかと思ったんですね。ここら辺が「箱の家」と美との関係を考えるときに重要な問題だと思うのだけど、いかがですか。

難波——それはル・コルビュジエが『建築をめざして』（SD選書 鹿島出版会1967）でいっている「技師の美学」と同じ問題ですね。彼は「技師の美学」を自覚して、高いレベルの美に高めるのが建築家の役割であるという言い方で、二重に戦線を張っている。つまり一方でエンジニアリングの美学を認めることで伝統的な美学に対抗し、他方でエンジニアリングの美学を意識化することで、エンジニアに対する建築家の立場を守ろうとしている。安吾のように、それを単純に「機能的なものは美しい」というふうにとらえてしまうと、近代建築の平板なイデオロギーになってしまう。そのイデオロギーが、まったく機能的でない、機能主義風デザインを山のように生んだわけです。コルやミースを含めてそうなんだけれど、これは近代建築の最大のアポリアで、建築家が思想や方法を意識し、それをイズムとして主張し始めたときに、必ず出てくる問題です。近代建築は技術や機能から形が生まれると主張しながら、実は機械の美学や抽象化の美学にとらわれていた。意図と結果がずれていたわけです。それに対する反動として「建築家なしの建築」が注目され、安吾のようなインダストリアル・バナキュラー礼賛が生まれる。しかし建築家とエンジニア、あるいはデザイナーとインダストリアル・バナキュラーの違いは、美学を意識しているか、していないかの違いであって、一方に美学があって、他方には美学がないという違いじゃない。たしかにその違いは大きいけれど、どちらにも美的な配慮は働いている点では変わりがない。エンジニアやインダストリアル・バナキュラーでは機能と形がストレートに結びついているというのは、それこそ近代建築の神話にすぎない。そういうふうに比較すれば、美学の罠に落ちないと思います。
坂口安吾の『日本文化私観』は、終戦直後の文化に対するシニカルで逆説的なとらえ方だから、批評的には意味があったけれど、一般化はできないと思います。ドライアイスの製造ラインをつくるときには、無意識の型や決められたパターンとして、かたちは必ず介在している。デザイン抜きでつくっているわけじゃない。

機能の再発見と転換：セベラルネス

中谷——ただ、その場合、建築における無意識的過程を、前に難波さんが『建築的無意識』(住まいの図書館出版局1991)で扱っていますが、ドライアイス工場の美というのは、そこにある種の論理があって、それがちゃんとあるからおのずと美なんだということだったら面白くない。無意識といった以上は、最初に設定された目的以外のもの、つまりひとつの論理では収斂しきれないような複雑なプロセスがある。できあがってしまった事物には、人間がこれだと思ってつくっても、それ以外の見え方がかならずまとわりつく。4個か5個ぐらい。そういった問題が必ずあるはずだと思うんですね。そこで僕は、「箱の家」は難波さんが「1」考えたことが、なぜか「3」「4」「5」か、そのくらいまでふくれ上がっているという、そういう部分が面白いなと思ったし、いいなと思ったんですよ。
難波——たしかにそうだけど、それは意識しているか、無意識かであるかの違いとは、あまり関係がないと思う。そうではなくて論理的な問題でしょう。以前、『建築的無意識』を京都精華大学の鈴木隆之さんが、機能の概念に関する僕の理解が混乱していると批判した。でも、それは鈴木さんの大いなる誤解で、混乱してるんじゃなく、機能には必ず2つの面があるということなんです。設計するときに、建物は特定の機能を持たなきゃいけないというプログラムがあって、それに従って設計する。でき上がったものが条件の機能に合ってなければまずいから、プログラムをちゃんと実現しようとする。ところが、できたものは、たとえば美術館としてつくったものが、時間がたてば住宅になったりする場合がある。そうやって機能が変更され、新たな機能が発見されて、当初の機能とはずれていく。要するに、設計段階の事前的な機能と、建物ができあがった事後的な機能というのがあって、それを分けて考える必要があるということです。僕は事後的な機能を、設計段階で、ある程度は事前的に把握することもできるはずだと考えるので、それを方法化しようとしたんです。それを彼は理解しなかった。
中谷——それは評者の方が、ごちゃごちゃにしているんですよ。
難波——機能は二面的にとらえないと混乱します。これは当然ですよ。そうでなきゃサステイナブルも再利用もないわけだから。
中谷——そういうことです。同意したら議論がつまらなくなっちゃうけれども(笑)、そういった議論の素地もないわけですね。つまり、ファンクショナリズムというのは、一対一対応という形式で完結するものだから、先程の評者の場合だと、難波さんの言っていることはそれが3個も4個も5個もあるんだから、ダメじゃないかという話になってしまうのかしら。でも実際はそうではない。実際上の建築行為、あるいは実践性においては、ファンクショナリズムを極めれば極めるほど、実は機能的なものを純化しようとすればするほど、それ以外のものが見出されてしまうようなものなんですね。
難波——もっといえば、そういう予想外のものを見出すために、純化するんです。
中谷——もう結論ですか(笑)。
難波——結局、過剰な部分を浮かび上がらせるためにそういうやり方をすれば、それでまた新たな機能が見出されて、発見されて、それも僕はひとつのデザインだと思うし、そういうことを言っていたわけですね。それが僕たちがやろうとしている大阪市立大学のデザインコースの、大きな理念になると思っているわけ。
中谷——そういうときに、いままで「箱の家」の書いてきた構造的、エンジニアリング的言説のみじゃなくて、もう少し包括的な話まで含めて説得できる構想というか、そこら辺を構築しないといけないですね。
難波——構築していますよ。フレキシブルな一室空間の箱として。
中谷——そうじゃないでしょう(笑)。さっきの複数の使い方が見出されてしまう状態を何といおうか考えて、一応作ってみたのが、セベラルネスというキーワード。
難波——複数性という意味ですか?
中谷——いくつか性。つまり、あるものの見出され方は無限にあるわけではない。無限にあれば転用という価値自体が発生しない。見出され方は「いくつか」なんです。たとえば美術館が住宅に改築されることはあるけれども、美術館を大きな浴槽にして使うのは無理がある。事物の持っているコードの受け渡しにも性能的な基準が必要なわけです。セベラルネスこそが、実はこの世の中を豊富にしながら、かつカオスにさせない限界を持っているというかな。僕は科学論はあまり読んでいないんだけれども、きっとそういうことを言っている科学者がいるはずだと思いますが、そこら辺はどうですか。
難波——複雑系の話って、ほとんどそういうことでしょう。進化論もカオス理論も対称性の理論も含めて。
でもその話は一般論としては面白いけれど、たとえば普通の戸建ての住宅が、突然芝居の舞台になるような、とんでもない転換があり得るし、そういう新しい機能の発見にならないと面白くない。セベラルネスのような可能性の度合いはあるとは思うけれど、本当に面白いのは、それをはみ出した意外性のある転換ですね。

固有性と普遍性

中谷——建築にはつねに限界があるわけですよね。たとえば、私の今の住まいに奥行き半間の床の間があって、要らないわけですよ。それをどういうふうに改築するかというときに、やはりその場で総合的に考えなきゃいけないし、やりたいことは基本的には物理的な条件として限られてきますね。転用の問題を考えるのだったら、やはり理論は重要で、もちろん実践的なものを理論にしなきゃいけないんだけれども、そういった部分の限界の幅を自ら創り出すことが、最終的には一番先鋭的になるんじゃないか。
難波——おっしゃったことに関して、中谷さんもそうだし、僕が30代の建築家に対して共通に感じることがあります。それはセベラルネスのバックにある考え方だと思うんだけれど、建築の固有性にすごくこだわるでしょう。オンリーワンネスに。
中谷——僕はないですよ、それは。セベラルネスと言った以上。
難波——でもセベラルネスは固有性に至る前提でしょう。ある場所に対して、いろんな答えがあり得るけれど、それをそこにしかない答えにまで収斂させるためのね。そこには建築家の仕事はそういう固有な建築をつくるものだという前提があって、僕の「箱の家」に対する若い建築家からの批判は、そういう段階にまで到達しようとしていないという点に集中している。僕は確信犯的にそうしているわけですが、彼らのいう固有性というのがよく分からない。「箱の家」だってそれぞれ固有性があるはずです。というか機能の定義と同じで、固有性を最初からつくろうとするか、あるいは特定の敷地に置かれ、クライアントが住み込むことによって固有性が生まれると考えるかの違いかもしれませんが。
中谷——それはおおいにわかります。
難波——ティピカルなもの、どこにでもあるものを、たまたまそこにつくっているにすぎないように見えてしまうのかも知れません。以前、「箱の家」を千葉県建築賞に応募しろと言われて応募したら、これは千葉じゃなくてもどこにでも建つと言われて、落とされた(笑)。確かに同じようなものが、いろんなところに建っているわけです。たまたまそれが千葉に建っているだけだから、これは千葉県の固有性とはいえないと批判された。それに近いものがあります。
中谷——それに対する異論は2つぐらいあると思うんだけれども、まず固有性の問題ですね。要は固有的なものがあり得ると。それがいかにも固有的であったら、それはわれわれに固有的なものとして判断できない。つまり、そこにはなんらかの共通的な話法があって、そのなかでしか固有性というのは発揮できないという固有性のジレンマがありますね。
次はどこにでも建っているというような問題。本当にそうかしら。難波さんの場合、むしろ限定されているなと思うのは、さっき言った土地の問題です。大体「箱の家」が建っているのは、埼玉とかああいう郊外の、土地が40坪とか50坪ぐらいの、正方形の、昔、田畑が区画されたところということがあって、実はそれが持っているある種のかたちの普遍解というか、標準化工法だと思います。
難波——同じにしようとしているんだから、同じに見えたっていいんだけれども、同じに見せることが間違いだという論理に対してですよ、僕が反論しているのは。何で同じに見えちゃいけないのか。
中谷——同じにしようとしているのであれば、それはそれでいいでしょう。それは好みの問題ですね(笑)。
難波——いや好みじゃなくた固有性に関わる問題です。さっき中谷さんが言った、本当に固有だったら見えないというのはラディカルな同一性、差異性の問題だけど、そこまでいかなくても、建築家の社会的役割というかアーティストの社会的役割は、その場所以外にあり得ないものをつくることだとする態度がありますね。僕は全然逆です。コンテクストが違い、敷地が違い、クライアントが違い、予算も違うんだから、そこから違う建築をつくらなきゃいけないというのは当たり前すぎる。すべてが違うから、共通したものをつくろうとすることにこそ、デザイナーとしての意志があるんじゃないかと思う。

安藤忠雄の意識化

中谷——それは見え方の問題と実際的な構法の問題を分けて考えているからだと思う。僕はそれはよくわかります。つまり端的に考えれば、全部条件が違ったら違うものができるのは当たり前。条件が違えばデザインが全部変わるから、かつそれらは正当な論法を持っている。つまり特殊解はおのずと普遍解。それを普通に考えれば、条件が違えば必ず違うということになる。その議論がまずあるのなら、それでも同じふうにみせるというのは、これは見え方の問題だから、それは美的な問題ですよ。端的にいえば。
難波——構法的な問題でもある。
中谷——いま僕が言った、条件が違えば全然違うという話と、彼らの固有性というのは、ちょっと違うでしょう。
難波——そう。さっき話した、いまさらバナキュラーかという問題と近いですね。無意識には共通性を持ってやっているんですよ、あらゆる建築家は。それを意識していないだけの話で、意識的に違えていると言うけれども、そんなに何でもかんでも違えることはできはしないわけで、あるパターンをなぞっているに違いないんです。
中谷——逆にいうと、条件が違えば絶対違ってくるのを、同じにみせようというのは、逆に不自然なぐらい美的ですね(笑)。
難波——そういうのを美的というのかなあ。
中谷——だって形態的自律の問題じゃないですか。
難波——うーむ。今度の展覧会ではそれを30個ぐらい同じフォーマットで並べるから、みんなが違いがわかると思いますよ。いままでさんざん、同じだ同じだと言われてきたから(笑)。
中谷——でもとことん同じにしたほうがいいですね。ファサードなんか全部同じに。
難波——そういうふうにしようとしているんだけれども、なかなかそうならない。
僕にとっては決定的な先例として安藤忠雄という建築家がいます。最近はそうでもないけど、一時期の安藤さんはコンクリートで同一性の反復をやっていた。それはすごい意志だと思ったんです。意志というより、あの人の場合はそれしかできない。それが安藤さんの天才たる由縁です。そういうことを意識的にやるようでは実はダメなんだけれど、僕には安藤さんのような沸々とわき出る同一性がないので、意識的にやらざるを得ない。だから実をいうと、僕がやっているのは安藤忠雄の意識化・方法化なんです。
中谷——よくわかりません(笑)。

大阪の普遍

中谷——難波さんも大阪市立大学に赴任されたんだから、少し大阪の話をしましょうか。
僕は今度、「大阪の普遍」という題で講演することにしました。わが身を奮い立たせて。
難波——それは東京人の発想ですね(笑)。大阪の人はそういう発想はしないでしょう。
編集部——こちらに来て何年目ですか。
中谷——2年目。それでこんな話をしたら殴られちゃうね(笑)。
難波——この前、阿久津友嗣さんという、奈良でコンクリートの建物にインフィルをやった人の自邸を見せてもらったんですが、彼は栃木出身です。彼の家はベッドがレールで動くようになっていて、両側に収納がある。ベッドが動くと収納の引き戸が全部開いて、どこからも寝室から出られる。関西の建築家がそれを見て眉をしかめていたと。単なる機能にすぎないから、全然美的じゃないと。関西にはそういう気風がある。人ごととは思えませんでした(笑)。
中谷——基本的には大阪の建築家に求められているのは、男芸者でしょう。だけど建築は基本的に公共的なものであるという論法を、僕たちは大学で植え付けられている。最近、僕も深い意味でそう思い直しているのですが。そうすると芸的なものを公共的なことばで話そうとするから、非常にいやらしく聞こえる。表層的な公共性は、僕は東京でやめておけばいいと思うわけ。大阪には基本的に政策としての公共性という問題は担わされていないんだから。つまり政治の中央から関西に、ある種のステレオタイプとして伝達するようなビルディングタイプは、どちらが普遍的かという問題ではなくて、東京の機能だと思うんです。大阪の普遍という問題から考えると。
では大阪における普遍とは何かというと、それは歴史の集積です。古墳まで含めて、莫大に抱えている言い様のないビルディング・ストック。この問題はすごく大きい。でもそれは少なくとも大阪のコンテンポラルな建築家、特に若い人にはほとんど意識されていない。
難波——本当にそうですか?　信じられないなあ。
中谷——僕は大阪の建築家のコミュニティがまだよくわかっていないところがあるんだけれど、一回的な作品をつくっていこうとする人たち。彼らは意識的に公共性をカッコにくくって、具体的なものに向かっているわけだから、芸としてなら問題はない。問題が根深いのは、先も言ったような、むしろステレオタイプ的な公共性の言説が旦那芸のレトリックになっている場合です。
難波——それはそうだけれど、一方で大阪はマルクス主義や共産主義の根が、東京よりずっと深いじゃないですか。京都も。そういう傾向と建築家との関係ってどうなんだろう。
中谷——本当にマルクス主義が強いかどうかわからないけれども、あるとき吉野に行ったら材木業のおじいさんが、話を聞いていると何となく天皇制に反対なわけ。この人はマルクス主義者かと思ったら、南朝だった。正直驚きました。
難波——中世以後の宗教と部落の問題とか、東京人には分からない歴史の闇ですね。
中谷——関西へ来て思うのはそこです。つまり古墳があって、宮内庁が所有して、誰も入れない、わけのわからない物体が計画道路を曲げているんだから。みんなそれが普通だと思って生活しているけれども、どう考えても、下部構造的な無意識の層に大きな影響を及ぼしていると思う。そういった部分と建築のネットワークとの関係はかなり根深いと思います。
難波——そういうものを意識化することが、大阪の普遍化ということですか?
中谷——そう。端的に言えば。いまだ見えていない公共性を発見するということ。そこには当然、歴史的厚み、ストックの有無如何がダイレクトにかかわります。
難波——芸の責任にしないで、正面から取り組む訳ね。東京人の論法で。それは反発を食うだろうなぁ(笑)。

ル・コルビュジエとヴァルター・ベンヤミン

難波——僕は大阪生まれで、山口県に育って、東京に行っているから、なんとなく根っこは関西に近いけれど、それだけに芸的なものには無意識の拒否感があります。だから大阪では、そういうまとわりついた意味はあまりほじくり返さないで、ストックをどう生かすかというストレートな発想で設計がやれたらいいと思う。
中谷——ストックにまつわりついた意味みたいなものには、僕も興味はありません。でも、現実にたとえば土地の区画や建物のかたちに影響を及ぼしているところって、必ずある。その部分に関して、どういう解を与えるかというのが、やっぱり面白いところだと思うんです。
難波——建築家は設計条件に対して繊細な目、微細なコンテクストを読みとる目を持っていなきゃいけないし、そういう条件を拾い出して、最後はそれをデザインに移し替える作業をしないといけない。でも、昔、八束はじめさんと話したことがあるんだけど、ベンヤミンとル・コルビュジエを比べたとき、同時代だけれどまったく対照的な目を持っていて、ベンヤミンに比べたらル・コルビュジエの目はロバの目のように鈍感です。だからこそ曲がりくねった「ロバの道」を直線に変えるような暴力的な都市デザインができた。もしベンヤミンのように微細な見方をしていたら、絶対にそんなことはできない。
中谷——なるほど。
難波——彼はどんなものにも歴史を見てしまうし、そこに新たな意味を発見する。意味の発見がデザインだといういい方もできるけれど、そっちへ向かうと手が動かなくなる。コルの『ユルバニスム』(SD選書 鹿島出版会1978)なんか読むと、この人は暴力的で、何もわかってないなと思うけれども、でも強烈なデザイン意識を感じます。
中谷——モデュロールもすごいものね。
難波——同時代人でありながら対照的な2人ですが、その中間にバランスをとる答えがあるといいと思います。僕には芸なんてないから、そんなものを求めるつもりは毛頭ありませんが、ベンヤミンのような繊細で発見的な目を持ちながら、でもデザインを通して世界を変えていくというような方向をめざしたい。
中谷——コルビュジエの本を読んでいて感じるのは、自分のなかに自分の知らない何かがあって、それに対しての絶大な信頼といったものがあるじゃないですか。それって、建築家にはすごく大事だと思います。
たとえば一番悪い大学教育の事例でいけば、学生が模型をつくっていて、偶然できたものがカッコいいと思った。それを先生に持っていったら、これはどういう理由があるかと言われる。学生はハッと思っただけだから、理由はなにも言えない。そうすると理由がないのはダメだとバシッとやられる。
だけどよく考えてみると、いくらでも模型の断片の組み合わせ方があるのに、あるときだけハッとすることはある。ハッとしたときとハッとしないときは同じかというと、明らかに違う。そうするとハッとしたのは、まだ言説化されていないけれど、なんらかの理由はあるということを学生に言って元気づけると、学生はデザインがうまくなる場合がある。そういう意味で、論理はあとからついてくるというような一つの信頼がある。人間には無意識のうちにニューロン(神経単位)をバッバッとつなぐようなところがあって、それは言葉にならないんだけれども、不可視の思考の過程があると僕は思うんです。その自分のなかにわからないものがあるのを、イヤかイヤでないか、好きか好きでないかというのが、ものづくりの基本的なところにあると思うな。
難波——その意見には、半分賛成だけれども、半分反対ですね。学生がハッとしたときに、それに対して教師が少しでもハッとできなかったら、そのアイデアはダメなんだと思うんです。何がなんでもハッとしましたというのでは、コミュニケーションが成立しない。教師の方が半分試されている面もあるけれど、ハッとしたものを伝えることによって鍛える必要もある。だから、そう簡単にハッとしてもらっては困る。それは方法化できない。
中谷——ハッというのが共有化されないとできないわけですから、つまり、ハッというのには論理ならざる論理があると僕が言ったのと同じです。それはでもあとから何とか構築しても構わないと思っている人と、それはできないという人がやっぱりいますね。
難波——僕は前者ですけどね。

サステイナブルデザイン

中谷——何でこんな話をしたかというと、少し話を変えて、サステイナブルデザインと都市デザインの問題でそういうことをけっこう考える場所があると思うからです。現在わかっている論法での町づくりのほかに、なんだかよくわからないけれども調和的な建物の群というのがありますね。両者のギャップに同じ構造が適用できると思うんです。そうなってくると、現今の都市デザインで考慮されない、「すわりのよさ」といった問題をどういうふうに言語化し得るかという問題は、サステイナブルとか大阪の集住の問題には重要だと思いますが、どうでしょうか。
難波——全くその通りなんだけれど、これから勉強しなきゃいけないと思っているのは、そこなんです。僕らよりちょっと上の世代から僕らの世代までは、そういうことに口を出すことさえタブーだった。今日も伊東豊雄さんの『透層する建築』(青土社2000)を読みながら来たんですが、彼もようやく立ち直りつつあるようです。70年代から30年かかって、ようやく都市にもう一度目が向き始めた。
僕の田舎の小さなまちに高山道路というのがあるんです。1950年代に高山英華さんが計画した道路で、僕が田舎にいる間はできなかったんだけれども、この前帰ったら完成していて、それを何と大阪市立大学の土井幸平さんが図面を引いたんだと言われた。どうやって引いたんですかと言ったら、さっと引いたと(笑)。戦後、いい意味でも悪い意味でも、そういうオプティミスティックな時代を通過して、それに対してヤバイと感じたのが僕らの世代で、その反動がここ20年ぐらい続いたと思います。でも、だんだん建築が大きくなってくると——僕は小さいものしかつくってないけれど——そんなことは言っていられなくて、そろそろそういう都市的な論理をつくり直さないといけない時代が来たんですね。
中谷——情報とそれを生かす知恵がなかったら大きな問題です。同じまちを見ても都市計画家と大工と実測調査研究者では、見るスケールからして違うわけです。学生の方に向けていう場合は、自分のスケールだけで物を決めてはいけないということです。正しいと思ってやったことが必ず間違うことになるからです。情報のいかんというか、多ければいいわけじゃないんだけれども、そこに内在している情報をどう読むか、それをどういうふうに総合して構成するかという問題になる。つまりそれが座りのよさです。サステイナブルデザインがなぜ基本的に面白いかというと、それがエコロジカルだからというコモンセンスではなくて、やはりそれが学に堪えうる、非常に豊富な領域だということですね。
難波——そうなんです。建築って複雑な条件を何とかクリアする仕事でしょう。そのなかの最大に複雑な世界ですよ、サステイナブルデザインは。本当に学になるのかどうかわからないけれども、でもこれをやれば、建築が生き延びていく大きな可能性がある。だから大阪市立大学で立ち上げようと思ったわけです。
中谷——そのときのイメージは、僕はルネッサンスの建築家と文革期の裸足の医者が両立するようなものじゃないかと思うんです。実践的で、頭もよくて、総合的だし。だから僕の好きなものが全部できる。
難波——でも、それをやっている人のイメージは、非常に貧乏な気がするけど(笑)。
僕はアルミエコハウスをやって、サステイナブルに目覚めた感じです。アルミは、いままでの建築の技術を白紙に戻させるというか、ゼロとは言わないけれども、かなり前提に戻って考えざるを得なかったし、サステイナブルな材料としては非常にヤバイ材料ですからね。木でやりなさいと言われたら、正義の味方になるし、鉄はすでにちゃんとしたジャンルがある。アルミをやって、改めてそういう方向に目覚めたような気がします。
中谷——アルミの反動ということ?
難波——反動というより、アルミをやれば何も怖くないということかな。アルミ建築家がサステイナブルデザインをやるっていうのは、けっこう危ない世界ですからね(笑)。
中谷——それって、たとえば尾島俊雄さんの提唱した100%リサイクル住宅における、住宅サイクル過程のリセットの問題に関係しているんですか。
難波——そう。尾島さんは非常に批判的ですね、アルミに対しては。
中谷——つまり、一回つくったものを溶かしてまた同じものをつくるのは、性能的に見ればリサイクルかもしれないけれど、歴史を含めた総合的な学たりうるサステイナブルではないと思う。だっていったん消えちゃうんだから。難波さんはどっちなんですか。
難波——アルミはどちらでもできるけれど、溶かしてリサイクルするのは面白くない。ただ、バージンメタルをつくるときはやたら電気を食うけれど、溶かしてリサイクルする場合は、鉄よりはエネルギー消費量が少ないことは確かです。しかしエネルギーの問題は、そういうレベルだけじゃなくて、トータルな問題ですね。加工や運搬のエネルギーを含めた。木材は材料としてだけ見ればエコだけど、運搬に大きなエネルギーを食っている。これもこれからの研究に大いになりますね。
中谷——それはスケルトンとインフィルの話にもなる。
難波——そうですね。

中谷礼仁 なかたにのりひと
大阪市立大学工学部建築学科建築デザイン専任講師(建築史担当)、専門は歴史工学
1965年東京生まれ
1987年早稲田大学理工学部建築学科卒業
1989年同大学院修士課程修了
1989-1992年清水建設株式会社設計本部
1992-1995年早稲田大学大学院後期博士課程
1994-1997年早稲田大学理工学部助手
1996-1999年早稲田大学理工総合研究センター客員講師
1999年より現職
2000年度建築学会奨励賞(論文)受賞
主な著書に『国学・明治・建築家』(蘭亭社、1993年)
『日本建築様式史』(共著、美術出版社、1999年)
『数寄屋の森』(共著、丸善、1995年)

箱の家以前

1. 名称 場所
2. 時期 構造
3. 敷地面積／建築面積／延床面積
4. 建築種別
5. 特徴

1

1. 大宮青果市場社　埼玉県大宮市
2. 1971年5月 RC造
3. 582.5／330.0／556.4
4. 大宮青果市場に勤務する独身社員のための寮
5. 中庭を囲むように部屋を配置し、対角線上に置いた玄関ホールによって、男女のゾーンを分けている。

2

1. ブティック・ウッドペッカー
横浜市元町
2. 1972年3月 鉄骨造
3. —／—／192.0
4. 衣料品店舗
5. 既存のRC造建物の外殻を残し、内部に鉄骨造の装置化され可動床を差し込んだ店舗。壁面全体がショーケースとなる。

撮影:原 栄三郎 ©商店建築社

3

1. 住宅No.92
東京都練馬区
2. 1972年5月
鉄骨ALC造
3. 293.5／49.5／130.0
4. 住宅の増築
5. RC造2階建ての既存住宅の上に、鉄骨造3階建ての住宅を増築し、全体として2世代住宅としたもの。

4

1. ホテル小柳
新潟県湯田上温泉
2. 1972年10月
RC造、鉄骨造
3. —／—／—
4. 観光ホテル
5. 山間に埋め込まれたRC造4階建ての観光ホテル。

5

1. 直島幼児学園
香川県直島町
2. 1974年3月
RC造、鉄骨ALC
3. 4,32／—／1,202
4. 幼稚園+保育園
5. 幼保一元化した幼児学園。鉄骨の矢倉によって柔らかく仕切られた教室。

6

1. 老人憩いの家「心起園」 新潟県田上町
2. 1975年3月 RC造、一部木造
3. 1,763.4／588.1／550.8　**4.** 老人憩いの家
5. 屋上緑化された屋根の中央に温室を頂いた丘のようなランドスケープアーキテクチャー。一室空間の内部に柔らかく仕切られたコーナーを分散させている。

7

1. 住宅No.63Z 東京都練馬区
2. 1974年12月 鉄骨造 **3.** 293.5／96.5／182.1
4. 住宅増改築
5. 住宅No.63の増築である住宅No.92の鉄骨構造を使い、住宅ナンバー63のRC造屋根の上にガラスの温室を増築。合わせて外周の開口部を取り替える。

8

1. 54の窓（増谷医院）神奈川県平塚市
2. 1975年3月 RC造　**3.** 450.0／208.4／489.9
4. 診療所+住宅
5. RC壁造の格子に、サイズを標準化した多様な鉄骨造窓ユニットをクリップオンした建築。標準化と多様化の演出。

9

1. 直島町民体育館　香川県直島町
2. 1976年10月　鉄骨造　**3.** 2,384.8／—／3,666.7
4. 町民体育館+武道館
5. 鉄骨スペーストラスユニットを工場製作し現場でボルト組立した体育館。スペースユニットを並べた曲ったコロネード。

10

1. マッチボックスオフィス　山口県柳井市
2. 1976年11月　鉄骨造、木造　**3.** 420.7／146.9／138.2
4. 事務所
5. 鉄骨造のマッチ箱のようなオフィス。

11

1. 竹の友幼稚園　新潟県田上町
2. 1978年1月 RC造、鉄骨
3. 13,728.0／1,512.5／1,467.2　**4.** 幼稚園
5.雪国の幼稚園なので、冬期の室内の生活を中心に設計した。鉄骨スペーストラス屋根を、構造的に自立した機能空間によって支え、室内全体を遊具に見立てている。

12

1. 柳井の町家 山口県柳井市
2. 1980年1月 木造　**3.** 179.6／141.0／234.8
4. 住宅の増改築
5. 既存の町家の古い部分を建て替え、2層分の吹抜を挟み込むことによって光と風を採り入れれ、暗くてじめじめした住環境を改善した。

13

1. 住宅No.17-Z3（池辺陽自邸）増築　東京都新宿区
2. 1981年2月 木造　**3.** 315.4／146.6／254.5
4. 住宅の増改築
5. 建築家が30年間にわたって増改築を繰り返して来た住宅を、その死後、建築家の思想を継承しながら増改築した住宅。

14

1. ヤマトラボテック山梨工場　山梨県
2. 1981年4月　鉄骨造
3. 43,088.7／7,648.1／7,162.6
4. 工場+事務所
5. 単純な鉄骨システムの屋根と外壁を石綿スレートの大波板によって連続的に梱包したローコスト工場

15

1. 上鷺宮の家　東京都中野区
2. 1982年2月　RC造一部鉄　**3.** 124.6／49.8／96.7
4. 専用住宅
5. 2階壁までをRC壁構造とし、その上に鉄骨トラスの寄棟屋根を架けた住宅。共用空間は2階にまとめている。

16

1. 鈴木胃腸科クリニック　埼玉県蓮田市
2. 1983年　RC造+鉄骨　**3.** 241.1／133.6／159.1
4. 診療所
5. 郊外に新規に進出した診療所なので、一目で分かるようにファサードをサイン化し、内部はコンクリートと木で柔らかく仕上げている。

17

1. オフィスマシン
東京都中央区銀座
2. 1985年11月
SRC造+鉄
3. 147.7／122.5／968.9
4. オフィスビル
5. 微細な鉄骨構造によって建物を軽量化し、基礎を省くとともに、空間の効率化を図る。ファサードの記号性を演出。

18

1. 富士見山荘
長野県諏訪郡
2. 1986年3月
RC造+木造
3. 599.5／59.1／75.8
4. 別荘
5. 緩やかな傾斜面にピロティによって持ち上げられた鳥小屋のような別荘。

19

1. FAM共同ビル　太子堂
2. 1987年6月　RC造
3. 136.3／121.8／484.5
4. 共同店舗
5. 3人のクライアント夫々の敷地上に界壁を共有しながら独立した建物を建設した特異な共同ビル。世田谷区都市計画課が街づくりのために企画した民活事業の第1号。

20

1. 今井邸
東京都世田谷区
2. 1988年3月
RC造+鉄骨
3. 237.1／140.8／233.7
4. 専用住宅
5. 道路と敷地とのレベル差を利用して、1階をRC造、2階を鉄骨造とし、全体に単純なヴォールト屋根を架け渡している。

21

1. 野地邸
東京都世田谷区
2. 1988年9月
木造一部RC
3. 154.1／76.9／135.3
4. 専用住宅
5. 東西に細長い敷地を生かして奥行のある細長い一室空間を作り、床のレベル差によって空間を柔らかく分節している。

22

1. N邸　東京都杉並区
2. 1988年11月　RC造一部鉄　3. 169.3／85.4／145.9
4. 専用住宅
5. 1階をRC造、2階を鉄骨造とし、将来の増築が可能な構造としている。

23

1. JR御茶の水駅コンペ案　お茶の水
2. 1989年　SRC造+鉄骨造
3. ―／4,446.0／11,860.0
4. 駅ビル
5. 狭いプラットフォーム上に機能的に駅ビルを載せるため橋のような構造を採用したハイテック駅。

24

1. EXマシン1990「別荘情報館」　静岡県伊東市
2. 1990年7月　鉄骨造　3. 992.7／302.6／395.2
4. 展示場
5. 空調電気設備を装備した12m角の鉄骨造シェルターユニットを組み合わせた展示場。軽快で透明な空間。

25

1. 中田邸
埼玉県川口市
2. 1991年10月
鉄骨造（偏心ブレース構造）
3. 133.2／92.2／205.7
4. 専用住宅
5. 2階床までを鉄骨偏心ブレース構造で造り、その上に2層の木造住宅を載せている。屋根は合板を使った蝶々型ヴォールト。

26

1. あじろ I・II　静岡県熱海市
2. 1992年3月　RC造+集成　3. 1,465.3／303.9／436.6
4. 建売別荘
5. 急勾配の斜面に埋め込まれたRC壁造の基檀をつくり、その上に集成材偏心ブレース構造の軽快な空間を載せている。

27

1. 精華モニュメントコンペ　京都府
2. 1991年　鉄骨造+木造　3. ―／―／―
4. モニュメント広場
5. ゆるやかに傾斜した火口状の広場の上に正4面体トラスの巨大なモニュメントを建てその頂点から巨大な「フーコーの振子」を吊している。

28

1. 城泉閣プロジェクト 城之崎温泉
2. 1992年8月 RC造+鉄骨
3. 7,648.0／1,227.0／1,890.0
4. 観光旅館
5. 河口に面する広大な敷地に分散配置された宿泊施設を楕円形の回廊によって結びつけた高級割烹旅館。

29

1. EHESC文化科学高等研究院プロジェクト 東京都渋谷区
2. 1993年10月 鉄骨造
3. 1,800.0／1,539.0／16,298.0 4. 研究所
5. 鉄骨のフィーレンデールトラスによってつくられた分散的な空間。採光通風の役割を持つアトリウムでによって空間をスケールダウンさせ、夫々の部門を独立させた民主的な研究施設。

撮影:平井広行

30

1. 四つ木の家 東京都葛飾区
2. 1993年10月 RC造+鉄骨
3. 240.5／141.9／347.7
4. 作業場+住宅
5. RC壁造によってつくられた作業場の上に、鉄骨ラチストラスのヴォールト屋根に覆われた住宅を載せている。

撮影:平井広行

31

1. 南砂の家 東京都江東区
2. 1993年12月 RC造+鉄骨
3. 107.5／64.1／156.2
4. 事務所+住宅
5. ゼロメートル地帯に建てられた住宅。水密コンクリートによってつくられた地下事務室の浮力と、徹底して軽量化された地上4階の鉄骨住宅とをバランスさせている。

撮影:平井広行

32

1. 松葉ビル 東京都葛飾区
2. 1994年3月 RC造+鉄骨
3. 158.7／121.7／341.0
4. 店舗付集合住宅
5. 2軒の店舗、歯科診療所、3軒の住戸を収容した複合建築。家相師であるクライアントの条件もすべてクリアしている。

撮影:平井広行

33

1. 久が原の家 東京都大田区
2. 1995年5月 RC造+鉄骨 3. 233.2／115.9／241.4
4. 2世帯住宅
5. 2人の兄弟が同一敷地を分筆し、夫々の要求に合わせて別々のデザインによって建てた2世帯住宅。

34

1. 国立国会図書館コンペ案 京都府
2. 1996年7月 鉄骨造／SRC造
3. 37,500.0／18,250.0／59,500.0
4. 図書館
5. 広大な書庫をすべて地下に埋め、その他の共用空間を透明でフレキシブルな一室空間に納めた未来型図書館。

35

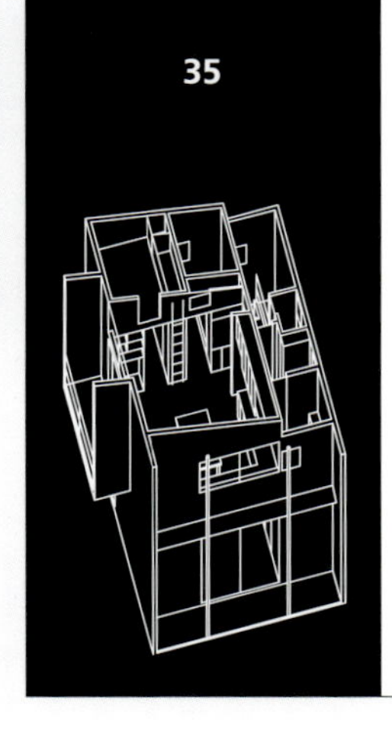

1. 箱の家-28 中根邸 東京都墨田区
2. 1998年5月 木造(在来工法)
3. 78.7／46.4／90.7
4. 店舗+住宅
5. 1階に花屋とアトリエ、2階に住まいを置いた複合住居。

36

1. 青森美術館コンペ 青森県
2. 2000年1月 RC造+鉄骨
3. ―／11,070.0／15,570.0
4. 美術館
5. 緩やかな斜面に埋め込まれた広大な一室空間を「光の壁」で仕切った透明な美術館。

箱の家データ

		箱の家-1［伊藤邸］	箱の家-2［尾崎邸］
作品	作品名	箱の家-1［伊藤邸］	箱の家-2［尾崎邸］
	所在地	東京都杉並区	埼玉県与野市
	主要用途	専用住宅	専用住宅
	家族構成	夫婦＋子供3人	祖母＋夫婦＋子供3人
設計		難波和彦＋界工作舎	難波和彦＋界工作舎
構造		難波和彦＋界工作舎	難波和彦＋界工作舎
施工		西田建設	西田建設
構造・構法	主体構造・構法	木造在来工法	木造在来工法
	基礎	鉄筋コンクリート布基礎	鉄筋コンクリート布基礎
規模	階数(階)	地上2	地上2
	高さ	軒高　5.67m　　最高高さ5.82m	軒高　6.15m　　最高高さ6.27m
	敷地面積	139.00㎡	170.47㎡
	建築面積	68.04㎡(建蔽率48.9%　許容50%)	117.72㎡(建蔽率69.05%　許容70%)
	延床面積	119.15㎡(容積率85.7%　許容100%)	137.16㎡(容積率80.45%　許容160%)
	1階	68.04㎡	85.32㎡
	2階	51.11㎡	51.84㎡
工程	設計期間	1994.6-1994.10	1994.5-1994.11
	工事期間	1994.11-1995.3	1994.12-1995.4
敷地条件	地域地区	第1種住居専用地域　準防火地域	住居地域　法22条地域
		第1種高度地区	
	道路幅員	南　4.0m	東　4.0m　南　4.0m
工費	建築	12,230,000	
	電気	1,060,000	
	空調	1,030,000	
	外構・造園	0	
	衛生	1,111,000	非公表
	家具・什器	0	
	その他	180,000	
	総工費	15,611,000	
	坪単価	569,000	
	公的融資	なし	
外部仕上げ	屋根	ガルバリウム鋼板 ｱ0.35mm 立てはぜ葺	ガルバリウム鋼板 ｱ0.4mm 立てはぜ葺
		(ヨドコウ)	(ヨドコウ)
	外壁	ラムダサイディング ｱ15mm 横張	ガルバリウム鋼板 ｱ0.4mmサイディング張り
		素地仕上げ(昭和電工)	(ヨドコウ)
	開口部	アルミサッシュ(新日軽住宅用)	アルミサッシュ(新日軽住宅用)
		透明ガラス ｱ5mm 一部型板ガラス	透明ガラス ｱ5mm 一部型板ガラス
		木製建具(ｷｼﾗﾃﾞｺｰﾙ塗布)＋透明ガラス ｱ6mm,	木製建具(ｷｼﾗﾃﾞｺｰﾙ塗布)＋透明ガラス ｱ6mm,
		アルミ押縁 ｱ5mm×W50mm＋透明ガラス ｱ6mm	アルミ押縁 ｱ5mm×W50mm＋透明ガラス ｱ6mm
	その他	ポーチ床:モルタル金ゴテの上ビー玉埋め	駐車場:土間コン金ｺﾞﾃ押
		バルコニー床:塩ビ製デッキ(トステム)	テラス床:縁甲板　防腐塗料塗布
			バルコニー:軽歩行用シート防水
内部仕上げ	部屋名	居間	居間・食堂
	床	ﾅﾗﾌﾛｰﾘﾝｸﾞ ｱ15mm(一部床暖房用)	フローリングｱ15mm(床暖房用)
	壁	シナベニア ｱ4mmV目字突付け CL	シナベニア ｱ6mmV目字突付け CL
	天井	シナベニア ｱ4mmV目字突付け CL	シナベニア ｱ6mmV目字突付け CL
	部屋名	玄関	子供室1～3・ギャラリー・2階ホール
	床	モルタル金ゴテの上ビー玉埋め	ラワンベニア ｱ15mm　UC
	壁	シナベニア ｱ4mmV目字突付け CL	シナベニア ｱ6mmV目字突付け CL
	天井	シナベニア ｱ4mmV目字突付け CL	シナベニア ｱ6mmV目字突付け CL
	部屋名	台所・脱衣・洗面	玄関
	床	ﾅﾗﾌﾛｰﾘﾝｸﾞ ｱ15mm	床用タイル300角(INAX)
	壁	シナベニア ｱ4mmV目字突付け CL	シナベニア ｱ6mmV目字突付け CL
	天井	シナベニア ｱ4mmV目字突付け CL	シナベニア ｱ6mmV目字突付け CL
	部屋名	浴室	和室
	床	床用タイル150mm角(TOTO)	本畳 ｱ60mm
	壁	壁用タイル150mm角(TOTO)	ケイカル板 ｱ6mmｼﾞｮｲﾝﾄﾚｽ工法AEP
	天井	バスリブ(フクビ)	ケイカル板 ｱ6mmｼﾞｮｲﾝﾄﾚｽ工法AEP
	部屋名	子供アルコブ・寝室・ギャラリー	浴室
	床	ラワンベニア ｱ12mm UC	床用タイル150mm角(TOTO)
	壁	シナベニア ｱ4mmV目字突付け CL	壁用タイル150mm角(TOTO)
	天井	シナベニア ｱ4mmV目字突付け CL	バスリブ(フクビ)
設備システム	空調	暖房方式/温水床暖房　東京ガスTES	暖房方式/温水床暖房　東京ガスTES
		換気方式/直接換気(三菱)	冷房方式/各室電気空冷ﾋｰﾄﾎﾟﾝﾌﾟ方式
			換気方式/直接換気(三菱)一部ダクト式
	給湯	給湯方式/ガス温水暖房ｼｽﾃﾑ　東京ガスTES	給湯方式/ガス温水暖房ｼｽﾃﾑ　東京ガスTES
	給排水	給水方式/上水道直結	給水方式/上水道直結
		排水方式/直接放流	排水方式/直接放流
主な使用機器	衛生機器	PNS1200　C-790＋S790B	C-710＋S710B　L851C　L830
		L830(TOTO)	FFSI300　L832(TOTO)
	厨房機器	ガスコンロ:GE-BH10S(ﾅｼｮﾅﾙ)	ガスコンロ:BCA-765(東芝)
	照明	D-556W,T-657S,B-373B,M-372B(ﾔﾏｷﾞﾜ)	D-556W,T-657S,B-372B,B-373B
		MS1142-01(ﾏｯｸｽﾚｲ)LB70070T(ﾅｼｮﾅﾙ)	DN001W(ﾔﾏｷﾞﾜ)
	建築金物	レバーハンドル・シリンダー錠:	レバーハンドル・シリンダー錠:
		WLA-66型(美和ロック)	LA-55型(美和ロック)
	その他	インターホン:IE-1A,IE-JA(アイホン)	インターホン:ST-WS(日本ｲﾝﾀｰﾌｫｰﾝ)
		ブラインド:ニューシルキー(タチカワ)	

箱の家-3 [城塚邸]

東京都世田谷区
専用住宅(2世帯)
夫婦(1階) 夫婦+子供1人(2階)

難波和彦+界工作舎
佐々木睦朗構造計画研究所
フワ建設

鉄骨造
鉄筋コンクリート布基礎

地上2
軒高 5.50m 最高高さ6.25m
267.28㎡
131.10㎡(建蔽率49.04% 許容60%)
255.60㎡(容積率80.11% 許容200%)
124.50㎡(駐車場を含む)
131.10㎡(バルコニーを含む)

1994.5-1995.3
1995.4-1995.11

第2種住居専用地域 準防火地域
第2種高度地区
東 5.75m

33,170,000
2,790,000
3,500,000
580,000
4,500,000
3,970,000
950,000
49,460,000
640,000
住宅金融公庫

ガルバリウム鋼板 t0.4mm 立てはぜ葺
(那須板金工業)
ラムダサイディング t15mm 横張
素地仕上げ(昭和電工)
アルミサッシュ(YKK中低層用)
住宅用円形窓(イマイ)
FIX網入ガラス t6.8+押縁ＦＢ t6mm

テラス・ポーチ床:300角タイル(TOTO)
階段:300角タイル(INAX)
バルコニー屋根:網入小波板ガラス t6.8mm

居間・食堂・脱衣室(1階)
フローリング t15mm(ユアサ)
シナベニア t6mmV目字突付け CL
ケイカル板 t6mmｼﾞｮｲﾝﾄﾚｽ工法 AEP

浴室(1階)
床用タイル150角(TOTO)
壁用タイル200×100(TOTO)
バスリブ(ﾅｼｮﾅﾙ)

居間・食堂・寝室・脱衣室(2階)
フローリング t15mm(ユアサ)
シナベニア t6mmV目字突付け CL
ｷｰｽﾄｰﾝﾌﾟﾚｰﾄ t1.2mm OP

書斎
フローリング t15mm(ユアサ)
シナベニア t6mmV目字突付け CL
シナベニア t6mmV目字突付け CL

浴室(2階)
床用タイル200角(TOTO)
壁用タイル200角(TOTO)
中空ポリカーボネイド板 t10mm(旭ガラス)

暖房方式/温水床暖房 東京ガスTES
換気方式/直接換気(三菱)

給湯方式/ガス温水暖房ｼｽﾃﾑ 東京ガスTES
給水方式/上水道直結
排水方式/直接放流

PNS1330 PNS1440 C710
L851(TOTO)
ｶﾞｽﾚﾝｼﾞGE-4DWA 食洗器NP-1100(ﾅｼｮﾅﾙ)
(ﾅｼｮﾅﾙ)(ﾔﾏｷﾞﾜ)

レバーハンドル・シリンダー錠:
LA-66型(美和ロック)
ブラインド・ロールスクリーン(タチカワ)

箱の家-4 [原邸]

東京都墨田区
住宅+店舗
祖母+夫婦+子供2人

難波和彦+界工作舎
佐々木睦朗構造計画研究所
岡本工務店

鉄筋ｺﾝｸﾘｰﾄ造(1階)+鉄骨造(2.3.4階)
摩擦杭基礎

地上4
軒高 10.50m 最高高さ10.80m
138.66㎡
88.83㎡(建蔽率64.06% 許容70%)
265.61㎡(容積率191.55% 許容300%)
1階 83.07㎡ 2階 83.07㎡
3階 79.31㎡(ﾍﾞﾗﾝﾀﾞ・室外機置場含まず)
4階 20.16㎡(屋上含まず)

1994.8-1995.3
1995.4-1995.11

準工業地域 防火地域
第3種高度地区
南 10.9m 北 4.0m

非公表

ALC板 t100mmの上シート防水
(旭化成へーベル)
1階:RC打放の上シリコン撥水剤
2-4階:中空ｾﾒﾝﾄ板 t60mm(旭化成ﾊｲﾌﾞﾘｰﾄ)
アルミサッシュ(YKK中低層用)
FIX網入ガラス t6.8(一部 t10mm)
押縁ＦＢ t6mm
外構:土間ｺﾝ t120mmの上ﾓﾙﾀﾙ金ｺﾞﾃ目地切
ポーチ床:ﾓﾙﾀﾙ均しの上豆砂利洗出
3階ﾍﾞﾗﾝﾀﾞ床:ﾊﾟﾜｰﾌﾛｱｾｲﾌﾃｨ t40mm
3階ﾍﾞﾗﾝﾀﾞ床:ﾊﾟﾜｰﾌﾛｱｾｲﾌﾃｨ t40mm

居間・食堂
ナラフローリング t15mm(ミヤコ)
シナベニア t6mmV目字突付け CL
スレート小波板ビス留めAC(ミヤコ)

寝室・子供室・脱衣室
ナラフローリング t15mm(ミヤコ)
シナベニア t6mmV目字突付け CL
シナベニア t6mmV目字突付け CL

和室
本畳 t60mm
ケイカル板 t6mmパテしごきAEP
スギ柾目合板 t6mm目透し張り CL

台所
ナラフローリング t15mm(ミヤコ)
ケイカル板 t6mmパテしごきAEP一部タイル
ケイカル板 t6mmパテしごきAEP

浴室
床用タイル200角(INAX)
壁用タイル200角(INAX)、中空ﾎﾟﾘｶ t10mm
バスリブ(ﾅｼｮﾅﾙ)

暖房方式/温水床暖房 東京ガスTES
冷房方式/電気空冷ﾋｰﾄﾎﾟﾝﾌﾟ方式
換気方式/ダクト式 直接換気式(三菱)
給湯方式/ガス温水暖房ｼｽﾃﾑ 東京ガスTES
給水方式/加圧給水
排水方式/直接放流

FFS1440 C710
L811 L830(TOTO)
ｶﾞｽﾚﾝｼﾞNE-BB335S (ﾅｼｮﾅﾙ)ﾐﾆｷｯﾁﾝ
(ﾅｼｮﾅﾙ)(ﾔﾏｷﾞﾜ)

レバーハンドル・シリンダー錠:
LA-66型(美和ロック)
ブラインド・ロールスクリーン(タチカワ)
エレベータ/三菱ホームエレベーター

箱の家-5 [今野邸]

茨城県高萩市
専用住宅
夫婦+子供2人

難波和彦+界工作舎
難波和彦+界工作舎
中川工務店

在来木造工法
鉄筋コンクリート布基礎

地上2
軒高 5.97m
165.30㎡
70.74㎡(建蔽率42.79% 許容76%)
118.53㎡(容積率71.70% 許容280%)
65.88㎡
52.65㎡

1995.8-1996.3
1996.4-1996.10

近隣商業地域・住居地域

東 6.0m

12,680,000
890,000
1,690,000
360,000
2,360,000
1,610,000
1,410,000
21,000,000
586,000
なし

ガルバリウム鋼鈑 t0.4mm立はぜ葺
(ヨドコウ)
ベルダサイディング t15mm横張り 素地仕上げ
(住友大阪セメント)
アルミサッシュ(新日軽住宅用)+透明ガラス
t5mm 一部型板ガラス
木製サッシュ+透明ガラス t6mm
アルミ押縁 t5mm×W40 + 透明ガラス t6mm
駐車場:砂利敷き t100mm
ポーチ床:モルタル金ゴテの上 砂利埋込
ﾊﾞﾙｺﾆｰ床:塩ビデッキ30t(トステム)

玄関
モルタル金ゴテの上 砂利埋込
シナベニア t6mmV目字突付け CL
シナベニア t6mmV目字突付け CL

居間・食堂
ﾅﾗﾌﾛｰﾘﾝｸﾞ t15mm(ﾐﾔｺ)(床暖房用)
シナベニア t6mmV目字突付け CL
有孔シナベニア t6mmV目字突付け CL

寝室・ｸﾛｰｾﾞｯﾄ・台所
ﾅﾗﾌﾛｰﾘﾝｸﾞ t15mm(ﾐﾔｺ)
シナベニア t6mmV目字突付け CL
シナベニア t6mmV目字突付け CL

浴室
床用タイル150角(INAX)
壁用タイル150角(INAX)
バスリブ(TOTO)

子供アルコブ
ラワンベニヤ t15mm
シナベニア t6mmV目字突付け CL
有孔シナベニア t6mmV目字突付け CL

暖房方式/温水床暖房 東京ガスTES
冷房方式/ダイキン システムマルチ
換気方式/ダクト式 直接換気式(三菱)
給湯方式/ガス温水暖房ｼｽﾃﾑ 東京ガスTES
給水方式/上水道直結
排水方式/直接放流

浴槽:PNS1300,便器:C790+S790B,洗面器:
L851,手洗器L590 ,洗濯流:SK507(TOTO)
DR3408EM(ハーマン)
AD53482(小泉),MS1142-01(マックス
レイ),T-657S,B-373B,B-372B(ﾔﾏｷﾞﾜ)
レバーハンドル・シリンダー錠:
LA-53型(美和ロック)
インターフォン/IE-JA(アイホン)
ブラインド・ロールスクリーン(タチカワ)

箱の家-7 [神保邸]

東京都小平市
専用住宅
夫婦+子供4人

難波和彦+界工作舎
佐々木睦朗構造計画研究所
フワ建設

鉄骨造
鉄筋コンクリート布基礎

地上3
軒高 8.23m 最高高さ 8.38m
111.56㎡
64.80㎡(建蔽率58.09% 許容60%)
162.97㎡(容積率119.95% 許容200%)
58.32㎡(駐車場含む)
64.80㎡(バルコニー含む)
39.85㎡

1996.1-1996.12
1997.1-1997.8

第2種中高層住居専用地域 準防火地域
第2種高度地区
西 6.0m

21,600,000
1,010,000
1,500,000
その他に含む
2,740,000
730,000
2,030,000
29,610,000
601,000
住宅金融公庫

ガルバリウム鋼鈑 t0.4mm立はぜ葺
(ヨドコウ)
ラムダサイディング t15mm横張り 素地仕上げ
(昭和電工)
アルミサッシュ+透明ガラス t5mm
一部型板ガラス(YKKエクシマ)
アルミ押縁 t5mm×W40 +
熱線反射ガラス t8mm
駐車場:モルタル金ゴテ目字切
ﾊﾞﾙｺﾆｰ屋根:網入大波ガラス t6.8mm
ﾊﾞﾙｺﾆｰ床:FRPグレーチング t40mm

居間
ｺﾙｸﾀｲﾙ t5mm(一部床暖房用)本畳 t60mm
シナベニア t6mmV目字突付け CL
ケイカル板 t6mmV目字突付け AEP

寝室
コルクタイル t5mm
シナベニア t6mmV目字突付け CL
デッキプレート t1.2mm OP

食堂・台所・脱衣室
コルクタイル t5(一部床暖房用)
シナベニア t6mmV目字突付け CL
ケイカル板 t6mmV目字突付け AEP

玄関
モルタル金ゴテの上ビー玉埋め
シナベニア t6mmV目字突付け CL
デッキプレート t1.2mm OP

浴室
床用タイル150角(TOTO)
壁用タイル150角(TOTO)
バスパネル(フクビ)

暖房方式/温水床暖房 東京ガスTES
冷房方式/電気空冷ﾋｰﾄﾎﾟﾝﾌﾟ方式(ﾀﾞｲｷﾝ)
換気方式/直接換気式(三菱)
給湯方式/ガス温水暖房ｼｽﾃﾑ 東京ガスTES
給水方式/上水道直結
排水方式/直接放流

浴槽:PNS1300,便器:C830+C830B
埋込手洗器:L593(TOTO)
ガスコンロ:GE-BH10S(ナショナル)
MD2715-01, ML3348-01, MS1142-01,
MS1124-01(マックスレイ),(ヤマギワ)
レバーハンドル・シリンダー錠:WLA-66型(美和ロック)
洗濯・乾燥機:MALBER-WD1005(MALBER)
インターフォン:IE-1A,IE-JA(アイホン)
ブラインド:ニューシルキー(タチカワ)

箱の家-8 [F邸]

東京都
専用住宅
夫婦+子供2人

難波和彦+界工作舎
佐々木睦朗構造計画研究所
フワ建設

鉄骨造
鉄筋コンクリート布基礎

地上2
軒高 5.73m 最高高さ 6.08m
378.51㎡
171.20㎡(建蔽率45.23% 許容60%)
291.97㎡(容積率77.14% 許容160%)
152.16㎡(テラス・ポーチ含む)
139.81㎡(バルコニー含む)

1994.4-1996.9
1996.10-1997.6

第1種低層住居専用地域 準防火地域
第1種高度地区
西 4.0m 南 4.0m

非公表

塩ビ防水シート t2mm(ロンシール工業)

ﾗﾑﾀﾞ t15mm横張り シリコン系溌水剤塗布
ｱｽﾛｯｸ t60mm横張り シリコン系溌水剤塗布
ｱﾙﾐｻｯｼｭ+複層ガラス(YKK:YAT-100)
FIX:アルミ押縁 t5mm×W40 + 複層ガラス
トップライト:アルミ押縁 t5mm×W40 +
熱線反射複層ガラス 6-6A-6
テラス床:レッドウッドスノコ敷き
ﾊﾞﾙｺﾆｰ床:塩ﾋﾞ防水ｼｰﾄ(歩行用) t2mm
サービスヤード屋根:網入大波ガラス t6.8mm

食堂・台所・居間・客間
ﾅﾗﾌﾛｰﾘﾝｸﾞ t15mm(ﾐﾔｺ)(一部床暖房用)
シナベニア t6mmV目字突付け CL
ケイカル板 t6mmｼﾞｮｲﾝﾄﾚｽ工法 AEP

部屋5
本タタミ t60mm
マジックコート吹付け
ケイカル板 t6mmｼﾞｮｲﾝﾄﾚｽ工法 AEP

予備室
ﾊﾟｲﾙｶｰﾍﾟｯﾄ t13mm(東リ)
シナベニア t6mmV目字突付け CL
ミネラートン t19mm(日東紡)

玄関
600角タイル敷き(INAXテクノプレート)
シナベニア t6mmV目字突付け CL
ケイカル板 t6mmｼﾞｮｲﾝﾄﾚｽ工法 AEP

浴室
床用タイル200角(TOTO)
壁用タイル200角(TOTO)
バスリブ(ナショナル)

暖房方式/温水床暖房 東京ガスTES
冷房方式/電気空冷ﾋｰﾄﾎﾟﾝﾌﾟ方式(ﾀﾞｲｷﾝ)
換気方式/直接換気式(三菱)
給湯方式/ガス温水暖房ｼｽﾃﾑ 東京ガスTES
給水方式/上水道直結
排水方式/直接放流

浴槽:PNS1440,便器:CFS880BA7
,手洗器:L832,洗面器:L830(TOTO)
DG-4108M(ハーマン)
(マックスレイ),
(ヤマギワ),(ナショナル)
レバーハンドル・シリンダー錠:
LA-66型(美和ロック)
インターフォン/IE-JA(アイホン)
ブラインド/シルキーA25(タチカワ)

作品	作品名	箱の家-9 [鈴木邸]	箱の家-10 [渡辺邸]	箱の家-11 [矢代邸]	箱の家-14 [新井邸]
	所在地	神奈川県藤沢市	埼玉県北足立郡吹上	千葉県松戸市	埼玉県入間市
	主要用途	専用住宅(2世帯)	専用住宅	専用住宅	専用住宅
	家族構成	夫婦(1階)夫婦+子供1人(2階)	祖父+夫婦+子供1人	夫婦+子供2人	夫婦+子供1人
設計		難波和彦+界工作舎	難波和彦+界工作舎	難波和彦+界工作舎	難波和彦+界工作舎
構造		佐々木睦朗構造計画研究所	難波和彦+界工作舎	難波和彦+界工作舎	佐々木睦朗構造計画研究所
施工		山洋木材	山崎工務店	吉川工務店	本橋工務店
構造・構法	主体構造・構法	在来木造工法	在来木造工法	在来木造工法	鉄骨造
	基礎	鉄筋コンクリート布基礎	鉄筋コンクリート布基礎	鉄筋コンクリート布基礎	鉄筋コンクリート布基礎
規模	階数(階)	地下1+地上2	地上2	地上2	地上3
	高さ	軒高 5.73m 最高高さ 7.80m	軒高 5.37m 最高高さ 6.03m	軒高 5.07m 最高高さ 5.90m	軒高 7.53m 最高高さ 7.98m
	敷地面積	219.19㎡	220.38㎡	99.68㎡	101.99㎡
	建築面積	86.58㎡(建蔽率39.50% 許容40%)	96.39㎡(建蔽率43.74% 許容60%)	52.65㎡(建蔽率52.82% 許容60%)	53.15㎡(建蔽率52.11% 許容90%)
	延床面積	171.54㎡(容積率78.26% 許容80%)	137.46㎡(容積率61.01% 許容200%)	90.72㎡(容積率91.01% 許容160%)	140.56㎡(容積率137.82% 許容360%)
	1階	42.80㎡	81.00㎡(テラスを含まない)	52.65㎡(テラスを含まない)	53.15㎡(駐車場を含む)
	2階	84.96㎡	53.46㎡(バルコニーを含まない)	38.07㎡	53.15㎡(バルコニーを含む)
		80.10㎡ ロフト階 6.48㎡			34.26㎡
工程	設計期間	1996.3-1996.7	1996.5-1996.9	1996.4-1996.8	1995.12-1996.12
	工事期間	1996.7-1997.3	1996.10-1997.3	1996.9-1997.3	1997.1-1997.7
敷地条件	地域地区	第1種低層住居専用地域 法22条地域 風致地区	第1種低層住居専用地域 法22条地域	第1種低層住居専用地域 第1種高度地区 法22条地域	商業地域 法22条地域
	道路幅員	北 5.0m	東 4.0m 南 4.0m	西 4.0m	西 6.0m 南 4.0m
工費	建築	27,350,000	17,650,000	12,230,000	19,610,000
	電気	1,790,000	780,000	1,060,000	1,620,000
	空調	3,010,000	2,090,000	1,030,000	860,000
	外構・造園	260,000			
	衛生	2,520,000	1,270,000	1,111,000	1,550,000
	家具・什器	5,290,000	1,240,000		
	その他	3,440,000	2,400,000	180,000	3,070,000
	総工費	43,660,000	25,430,000	15,611,000	26,710,000
	坪単価	841,000	670,000	569,000	628,000
	公的融資	住宅金融公庫	住宅金融公庫	なし	住宅金融公庫
外部仕上げ	屋根	ガルバリウム鋼鈑 70.4mm立てはぜ葺 (ヨドコウ)	ガルバリウム鋼鈑 70.4mm立てはぜ葺 (ヨドコウ)	ガルバリウム鋼鈑 70.4mm立てはぜ葺 (ヨドコウ)	シート防水 2t
	外壁	ラムダサイディング 715mm横張り 素地仕上げ 昭和電工	ラムダサイディング 715mm横張り 素地仕上げ 昭和電工	ラムダサイディング 715mm横張り 素地仕上げ 昭和電工	ラムダサイディング 715mm横張り 素地仕上げ 昭和電工
	開口部	アルミサッシュ+複層ガラス 75-6A-5, 透明ガラス 75mm, 型板ガラス(YKK) アルミ押縁 75mm×W50+複層ガラス 75-6A-5mm	アルミサッシュ+透明ガラス 75mm 一部型板ガラス(トステム),木製建具+ 透明ガラス 76mm アルミ押縁 75mm×W50+透明ガラス 76mm	アルミサッシュ(新日軽住宅用)+ 透明ガラス 75mm 一部型板ガラス 木製建具(ｷｼﾗﾃﾞｺｰﾙ塗布)+透明ガラス 76mm アルミ押縁 75mm×W50mm+透明ガラス 76mm	アルミサッシュ(YKKエクシマ)+透明ガラス 75mm 一部型板ガラス アルミ押縁 75mm×W38+透明ﾌﾛｰﾄｶﾞﾗｽ 78mm 木製建具ｷｼﾗﾃﾞｺｰﾙ塗布 透明ﾌﾛｰﾄｶﾞﾗｽ 76mm
	その他	階段,ﾎﾟｰﾁ床:床用タイル150角 テラス床:モルタル金ゴテの上ビー玉埋込み ﾊﾞﾙｺﾆｰ床:塩ビ系シート防水(ロンシール)	テラス床:モルタル金ゴテ目字切 ﾊﾞﾙｺﾆｰ床:塩ビ製デッキ(トステム)	ポーチ床:モルタル金ゴテの上ビー玉埋め テラス床:モルタル金ゴテ目地切	駐車場床:モルタル金ゴテ目字切 ポーチ床:モルタル金ゴテの上ビー玉埋め ﾊﾞﾙｺﾆｰ床:歩行用シート防水 2t仕上
内部仕上げ	部屋名	居間・台所・脱衣室(1,2階)	居間・台所・寝室1・脱衣室	居間	居間・食堂・台所・洗面所
	床	ｺﾙｸﾀｲﾙ 75mm(床暖房用)(ﾛﾋﾞﾝｿﾝ)	ﾅﾗﾌﾛｰﾘﾝｸﾞ 715mm(一部床暖房用)(ﾐﾔｺ)	ﾅﾗﾌﾛｰﾘﾝｸﾞ 715mm(床暖房用)(ﾐﾔｺ)	コルクタイル 75mm(床暖房用)(ロビンソン)
	壁	シナベニア 76mmV目字突付け CL	シナベニア 76mmV目字突付け CL	シナベニア 76mmV目字突付け CL	シナベニア 76mmV目字突付け CL
	天井	ケイカル板 76mmV目字突付け AEP	シナベニア 76mmV目字突付け CL	シナベニア 76mmV目字突付け CL	デッキプレート V50A 71.2mm OP
	部屋名	玄関	寝室2・子供アルコブ・ラウンジ	玄関	寝室・子供アルコブ
	床	床用タイル150角(INAX)	ラワンベニア 712mm UC	モルタル金ゴテの上ビー玉埋め	ラワンベニア 715mm UC
	壁	シナベニア 76mmV目字突付け CL	シナベニア 76mmV目字突付け CL	シナベニア 76mmV目字突付け CL	シナベニア 76mmV目字突付け CL
	天井	ケイカル板 76mmV目字突付け AEP	シナベニア 76mmV目字突付け CL	シナベニア 76mmV目字突付け CL	デッキプレート V50A 71.2mm OP
	部屋名	書斎(1,2階)・子供室・ロフト	玄関	食堂・脱衣・洗面	玄関
	床	ラワンベニア 712mm OSUC	モルタル金ゴテの上ビー玉埋め	ﾅﾗﾌﾛｰﾘﾝｸﾞ 715mm(ﾐﾔｺ)	モルタル金ゴテの上ビー玉埋め
	壁	シナベニア 76mmV目字突付け CL	シナベニア 76mmV目字突付け CL	シナベニア 76mmV目字突付け CL	シナベニア 76mmV目字突付け CL
	天井	ケイカル板 76mmV目字突付け AEP	シナベニア 76mmV目字突付け CL	シナベニア 76mmV目字突付け CL	デッキプレート V50A 71.2mm OP
	部屋名	浴室(1,2階)	浴室	浴室	浴室
	床	床用タイル150角(INAX)ユニバス(INAX)	床用タイル150角(INAX)	床用タイル150mm角(TOTO)	ユニバス(INAX)
	壁	壁用タイル150角(INAX)	壁用タイル150角(INAX)	壁用タイル150mm角(TOTO)	バスパネル(フクビ)
	天井	バスリブ(ナショナル)	バスパネル(フクビ)	バスパネル(フクビ)	バスパネル(フクビ)
	部屋名	寝室(1階)		子供アルコブ・寝室・勉強室	
	床	本畳 760mm		ラワンベニア 715mm UC	
	壁	シナベニア 76mmV目字突付け CL		シナベニア 76mmV目字突付け CL	
	天井	杉柾合板 76mmV目字突付け(1階)		シナベニア 76mmV目字突付け CL	
設備システム	空調	暖房方式/温水床暖房 東京ガスTES 冷房方式/電気空冷ﾋｰﾄﾎﾟﾝﾌﾟ方式(ﾀﾞｲｷﾝ) 換気方式/直接換気式(三菱)	暖房方式/温水床暖房 東京ガスTES 冷房方式/電気空冷ﾋｰﾄﾎﾟﾝﾌﾟ方式(ﾀﾞｲｷﾝ) 換気方式/直接換気式(三菱)	暖房方式/温水床暖房 東京ガスTES 換気方式/直接換気式(三菱) 浴室換気乾燥機/東京ガスTES	暖房方式/温水床暖 浴室乾燥機東京ガスTES 冷房方式/電気空冷ﾋｰﾄﾎﾟﾝﾌﾟ方式(ﾀﾞｲｷﾝ) 換気方式/直接換気式(三菱)
	給湯	給湯方式/ガス温水暖房ｼｽﾃﾑ 東京ガスTES	給湯方式/ガス温水暖房ｼｽﾃﾑ 東京ガスTES	給湯方式/ガス温水暖房ｼｽﾃﾑ 東京ガスTES	給湯方式/ガス温水暖房ｼｽﾃﾑ 東京ガスTES
	給排水	給水方式/上水道直結 排水方式/直接放流	給水方式/上水道直結 排水方式/直接放流	給水方式/上水道直結 排水方式/直接放流	給水方式/上水道直結 排水方式/直接放流
主な使用機器	衛生機器	浴槽:PNS1331, 便器:C780+C790B, 手洗器:L851C,L830(TOTO)	浴槽:PNS1330, 便器:C790+C791B, 手洗器:L851C,L517(TOTO)	浴槽:PNS1200 便器:C-790+S790B 洗面器:L830(TOTO)	浴槽:ﾕﾆﾊﾞｽUB-1670FSM(INAX), 便器・洗面器(TOTO)
	厨房機器	ガスコンロ:GE-BH10S, オーブンレンジ	ガスコンロ+オーブンレンジ(ナショナル)	ガスコンロ:GE-BH10S(ナショナル)	ガスコンロ:GE-BH10S(ナショナル)
	照明	D-460N, D-5154, T-657S, T-467W, B-373B, L-701 (ヤマギワ)	MD2548-01, MS1142-01(マックスレイ), T-657S, B-373B, B-372B, (ヤマギワ)	(ヤマギワ) (マックスレイ)(ナショナル)	(マックスレイ), (ヤマギワ)(ナショナル)
	建築金物	レバーハンドル・シリンダー錠: WLA-66型(美和ロック)	レバーハンドル・シリンダー錠: WLA-66型(美和ロック)	レバーハンドル・シリンダー錠: WLA-66型(美和ロック)	ﾚﾊﾞｰﾊﾝﾄﾞﾙ・ｼﾘﾝﾀﾞｰ錠: WLA-66型(美和ロック)
	その他	ｲﾝﾀｰﾌｫﾝ:IE-2A-2, IE-JA(アイホン) ブラインド・ロールスクリーン(タチカワ)	ブラインド・ロールスクリーン(タチカワ)	インターホン:IE-1A,IE-JA(アイホン) ブラインド:ニューシルキー(タチカワ)	インターフォン:IE-1A,IE-JA(アイホン) ブラインド:ニューシルキー(タチカワ)

箱の家−16 [吉田邸]

東京都大田区
賃貸住宅４戸(1F)+専用住宅(2·3F)
祖母+夫婦+子供2人(専用住宅部分)

難波和彦+界工作舎
佐々木睦朗構造計画研究所
東急アメニクス　本間工務店

鉄骨造
鉄筋コンクリート布基礎+異形摩擦杭

地上3
軒高　8.37m　最高高さ　8.58m
179.97㎡
107.67㎡(建蔽率59.83%　許容60%)
259.03㎡(容積率143.93%　許容160%)
87.48㎡
114.04㎡(バルコニーを含む)
57.51㎡(バルコニーを含む)

1996.2–1996.11
1997.2–1997.9

第1種住居地域　準防火地域
第2種高度地区
北　4.0m

非公表

ガルバリウム鋼鈑 t0.4㎜立てはぜ葺
(ヨドコウ)
ラムダサイディング　t15㎜横張り
素地仕上げ(昭和電工)
アルミサッシュ+透明ガラス t6㎜
一部型板ガラス(YKKエクシマ)
FIX:アルミ押縁 t5㎜×W40＋
複層ガラス 8−6A−8
ベランダ床:塩ビ防水シート 歩行用
ﾊﾞﾙｺﾆｰ床:スチールグレーチング t25㎜
ﾊﾞﾙｺﾆｰ屋根:ポリカ波板フロスト　t0.7㎜

1F 住戸
ﾅﾗﾌﾛｰﾘﾝｸﾞ t15㎜(ﾐｻﾜ)
シナベニア t6㎜V目字突付け CL
シナベニア t6㎜V目字突付け CL

居間·食堂·台所·脱衣室·寝室1
ﾅﾗﾌﾛｰﾘﾝｸﾞ t15㎜(ﾐｻﾜ)(一部床暖房用)
シナベニア t6㎜V目字突付け CL
ケイカル板 t6㎜V目字突付け AEP

2F 玄関
床用タイル300角(INAX)
シナベニア t6㎜V目字突付け CL
ケイカル板 t6㎜V目字突付け AEP

子供室·寝室2·書斎
コルクタイル t5(ﾛﾋﾞﾝｿﾝ)
シナベニア t6㎜V目字突付け CL
ケイカル板 t6㎜V目字突付け AEP

浴室
床用タイル150角(INAX)
壁用タイル150角(INAX)
バスリブ(フクビ)

暖房方式/温水床暖　浴室乾燥機東京ガスTES
冷房方式/電気空冷ﾋｰﾄﾎﾟﾝﾌﾟ方式(ﾀﾞｲｷﾝ)
換気方式/直接換気式(三菱)
給湯方式/ガス温水暖房ｼｽﾃﾑ　東京ガスTES
給水方式/上水道直結
排水方式/直接放流

浴槽:PNS1330,便器·
,洗面器:L830(TOTO)
ガスレンジ:GE-BH10S+NE-B701(ﾅｼｮﾅﾙ)
(マックスレイ),
(ヤマギワ)(ナショナル)
ﾚﾊﾞｰﾊﾝﾄﾞﾙｰｼﾘﾝﾀﾞｰ錠:
LA-66型(美和ロック)
インターフォン/IE-JA(アイホン)
ブラインド/ニューシルキー(タチカワ)

箱の家−17 [山田邸]

千葉県柏市
専用住宅
夫婦

難波和彦+界工作舎
難波和彦+界工作舎
小川共立建設

木造在来工法
鉄筋コンクリート布基礎+異形摩擦杭

地上2
軒高　5.22m　最高高さ　6.12m
99.72㎡
50.76㎡(建蔽率50.90%　許容60%)
84.86㎡(容積率85.10%　許容100%)
50.76㎡(テラスを含まず)
34.10㎡

1996.6–1997.2
1997.3–1997.8

第１種低層住居専用地域　法22条地域

南　4.5m

11,986,000
641,000
733,000
0
1,169,000
0
1,000,000
15,529,000
605,000

ガルバリウム鋼鈑 t0.4㎜立てはぜ葺
(ヨドコウ)
ラムダサイディング　t15㎜横張り
素地仕上げ(昭和電工)
アルミサッシュ(新日軽住宅用)+
透明ガラス t5㎜　一部型板ガラス t6㎜
木製建具(ｷｼﾗﾃﾞｺｰﾙ塗布)+透明ガラス
アルミ押縁 t5㎜×W50㎜+透明ガラス t6㎜
ポーチ床:モルタル金ゴテの上ビー玉埋め
テラス床:モルタル金ゴテ目地切

居間·食堂
ﾅﾗﾌﾛｰﾘﾝｸﾞ t15㎜(床暖房用)(ﾐｻﾜ)
シナベニア t6㎜ V目字突付け CL
シナベニア t6㎜ V目字突付け CL

玄関
モルタル金ゴテの上ビー玉埋め
シナベニア t6㎜ V目字突付け CL
シナベニア t6㎜ V目字突付け CL

台所·脱衣·洗面
ﾅﾗﾌﾛｰﾘﾝｸﾞ t15㎜(ﾐｻﾜ)
シナベニア t6㎜ V目字突付け CL
シナベニア t6㎜ V目字突付け CL

浴室
床用タイル150㎜角(TOTO)
壁用タイル150㎜角(TOTO)
バスリブ(ナショナル)

寝室·書斎·納戸
ラワンベニア t12㎜ UC
シナベニア t6㎜ V目字突付け CL
シナベニア t6㎜ V目字突付け CL

暖房方式/温水床暖　東京ガスTES
冷房方式/電気空冷ﾋｰﾄﾎﾟﾝﾌﾟ方式(ﾀﾞｲｷﾝ)
換気方式/直接換気式(三菱)
給湯方式/ガス温水暖房ｼｽﾃﾑ　東京ガスTES
給水方式/上水道直結
排水方式/直接放流

浴槽:PNS1200　便器:C−790＋S790B
洗面器:L830(TOTO)
ガスコンロ:GE-BH10S(ナショナル)
(マックスレイ),
(ヤマギワ)(ナショナル)
ﾚﾊﾞｰﾊﾝﾄﾞﾙｰｼﾘﾝﾀﾞｰ錠:
LA-66型(美和ロック)引戸鎌錠
インターホン:IE-1A,IE-JA(アイホン)
ブラインド:ニューシルキー(タチカワ)

箱の家−20 [秋山邸]

埼玉県浦和市
専用住宅
夫婦+子供3人

難波和彦+界工作舎
佐々木睦朗構造計画研究所
山崎工務店

鉄筋ｺﾝｸﾘｰﾄ造(地階),鉄骨造(1.2Ｆ)
鉄筋ｺﾝｸﾘｰﾄ布基礎+鉄筋ｺﾝｸﾘｰﾄﾍﾞﾀ基礎

地下1　地上2
軒高　7.20m　最高高さ　7.39m
107.36㎡
64.32㎡(建蔽率59.91%　許容60%)
163.01㎡(容積率151.83%　許容160%)
21.06㎡
60.95㎡　2階　74.52㎡(バルコニー含)
6.48㎡(倉庫のみ)

1996.5–1997.3
1997.4–1997.10

第1種中高層住居専用地域　準防火地域
第2種高度地区
東　4.0m

24,790,000
1,340,000
1,300,000
420,000
4,470,000
0
4,440,000
36,760,000
745,000

ガルバリウム鋼鈑 t0.4㎜立てはぜ葺
(ヨドコウ)
ラムダサイディング　t15㎜横張り
素地仕上げ(昭和電工)一部RC打放
アルミサッシュ(YKKエクシマ,トステム)+
透明ガラス t6㎜　一部型板ガラス
アルミサッシュ(YKKマティエ)+複層ガラス
アルミ押縁 t5㎜×W40＋複層ガラス
駐車場床:コンクリート平板敷き
ﾊﾞﾙｺﾆｰ床:塩ビ防水シート(歩行用)2t
屋上デッキ:塩ビデッキ 30t(トステム)

予備室
ナラ直貼用ﾌﾛｰﾘﾝｸﾞ t15㎜(ﾐｻﾜ)
RC打放し AC　一部シナベニア t6㎜
RC打放し AC

玄関
床用タイル300角(INAX)
シナベニア t6㎜V目字突付け CL
シナベニア t6㎜V目字突付け CL

居間·食堂·台所·脱衣室·便所
ﾅﾗﾌﾛｰﾘﾝｸﾞ t15㎜(ﾐｻﾜ)(一部床暖房用)
シナベニア t6㎜V目字突付け CL
フレキシブルボード t6㎜V目字突付け OP

浴室
床用タイル150角(INAX)
壁用タイル150角(INAX)
フレキt6㎜V目字シリコンシール止 OP

寝室
縁なしタタミ t50㎜
ケイカル板 t6㎜V目字突付け AEP
デッキプレートV60 t1.2㎜ OP

暖房方式/温水床暖　ｴｱｺﾝ　東京ガスTES
冷房方式/電気空冷ﾋｰﾄﾎﾟﾝﾌﾟ方式(ﾀﾞｲｷﾝ)
換気方式/直接換気式(三菱)
給湯方式/ガス温水暖房ｼｽﾃﾑ　東京ガスTES
給水方式/上水道直結
排水方式/直接放流

浴槽:PNS1400,便器:C780P+S790B,
洗面器:L830,手洗器L590 (TOTO)
HR-860LC+HR-A763DRP(東京ガス)
(マックスレイ),
(ヤマギワ)(ナショナル)
ﾚﾊﾞｰﾊﾝﾄﾞﾙｰｼﾘﾝﾀﾞｰ錠:
LA-66型(美和ロック)
インターフォン/IE-JA(アイホン)
ブラインド:ニューシルキー(タチカワ)

箱の家−21 [川島邸]

埼玉県大宮市
専用住宅
夫婦+子供3人

難波和彦+界工作舎
難波和彦+界工作舎
林工務店

木造在来工法
鉄筋コンクリート布基礎

地上2
軒高　5.32m　最高高さ　6.12m
140.68㎡
81.81㎡(建蔽率58.15%　許容60%)
123.12㎡(容積率87.51%　許容160%)
68.85㎡
54.27㎡

1996.12–1997.8
1997.8–1997.12

第1種中高層住居地域　法22条地域

西　4.0m

非公表

ガルバリウム鋼鈑 t0.4㎜立てはぜ葺
(ヨドコウ)
ラムダサイディング　t15㎜横張り
素地仕上げ(昭和電工)
アルミサッシュ複層ガラス用(YKK)
木製建具　キシラデコール塗り
アルミ押縁 t5㎜＋複層ガラス

玄関道:コンクリート平板敷き
テラス:縁甲板防腐塗料塗布(ヒノキ30ｔ)
ﾍﾞﾗﾝﾀﾞ:トステム　塩ビデッキﾎﾞｰﾄﾞ

玄関
土間ｺﾝ t120　ﾓﾙﾀﾙ金ｺﾞﾃ仕上
シナベニア t6㎜V目字突付け CL
シナベニア t6㎜V目字突付け CL

食堂·居間
ﾌﾛｰﾘﾝｸﾞ t15㎜(床暖房用)
シナベニア t6㎜V目字突付け CL
シナベニア t6㎜V目字突付け CL

倉庫
土間ｺﾝ t120　ﾓﾙﾀﾙ金ｺﾞﾃ仕上
ラワンベニア t5.5㎜V目字突付け CL
ラワンベニア t5.5㎜V目字突付け CL

浴室
ユニバス(ＩＮＡＸ)
バスミュール　9ｔ
バスミュール　9ｔ

寝室·クローゼット·ギャラリー
ラワン合板　t15　UC
ラワンベニア t5.5㎜V目字突付け CL
ラワンベニア t5.5㎜V目字突付け CL

暖房方式/温水床暖　　東京ガスTES
冷房方式/電気空冷ﾋｰﾄﾎﾟﾝﾌﾟ方式(ﾀﾞｲｷﾝ)
換気方式/直接換気式(三菱)
給湯方式/ガス温水暖房ｼｽﾃﾑ　東京ガスTES
給水方式/上水道直結
排水方式/直接放流　合併浄化槽

浴槽:ユニバス(ＩＮＡＸ)
洗面器:L830,手洗器L593 (TOTO)
ｶﾞｽﾚﾝｼﾞ
(マックスレイ),

ﾚﾊﾞｰﾊﾝﾄﾞﾙｰｼﾘﾝﾀﾞｰ錠:
LA-66型(美和ロック)
インターフォン/IE-JA(アイホン)
ブラインド:ニューシルキー(タチカワ)

箱の家−22 [Ｔ邸]

埼玉県川口市
専用住宅
夫婦+子供3人

難波和彦+界工作舎
佐々木睦朗構造計画研究所
山崎工務店

鉄骨造
鉄筋コンクリート布基礎

地上2
軒高　5.16m　最高高さ　5.26m
331.00㎡
123.12㎡(建蔽率37.20%　許容50%)
160.74㎡(容積率48.56%　許容120%)
88.11㎡
72.63㎡(バルコニー含まない)

1996.6–1999.7
1999.8–2000.2

第1種低層住居地域　法22条地域

北　6.0m

25,860,000
1,800,000
2,590,000
2,050,000
2,740,000

2,620,000
37,660,000
699,000
住宅金融公庫

FRP防水(大日本インキ化学)
(ヨドコウ)
ラムダサイディング　t15㎜横張り
素地仕上げ(昭和電工)
アルミサッシュ(YKKエクシマ)+
透明ガラス t6㎜一部型板ガラス、複層ガラス
アルミ押縁 t5㎜×W50＋複層ガラス FIX

駐車場床:コンクリート平板敷き
外構:コンクリート平板敷き
ﾊﾞﾙｺﾆｰ床:FRP防水の上　FRPグレーチング

居間·食堂·台所·脱衣室·予備室
フレキシブルボードt8㎜ UC
シナベニア t6㎜V目字突付け AEP CL
デッキプレートV50A t1.6㎜ OP

和室
床暖房用畳t15㎜
シナベニア t6㎜V目字突付け CL
シナベニア t6㎜V目字突付け CL

寝室·子供室·納戸
フレキシブルボードt8㎜ UC
シナベニア t6㎜V目字突付け AEP CL
キーストンプレート t1.2㎜ OP

浴室
床用タイル150角(INAX)
壁用タイル150角(INAX)
バスミュール t9㎜

暖房方式/ｱｸｱﾚｲﾔｰﾋｰﾃｨﾝｸﾞｼｽﾃﾑ　イゼナ
冷房方式/電気空冷ﾋｰﾄﾎﾟﾝﾌﾟ方式(ﾀﾞｲｷﾝ)
換気方式/直接換気式(三菱)
給湯方式/ガス温水暖房ｼｽﾃﾑ　東京ガスTES
給水方式/上水道直結
排水方式/直接放流　合併浄化槽

浴槽:PNS1300,便器:C790+S790B,
洗面器:L830,手洗器L590 (TOTO)
GE-BH11S+NE-B702(ナショナル)
(マックスレイ),(コイズミ)
(ヤマギワ)(ナショナル)
ﾚﾊﾞｰﾊﾝﾄﾞﾙｰｼﾘﾝﾀﾞｰ錠:
LA-66型(美和ロック)
インターフォン/IE-JA(アイホン)
ブラインド/ニューシルキー(タチカワ)

		箱の家-23［大森邸］	箱の家-29［中村邸］	箱の家-33［佐藤邸］	箱の家-34［中村邸］
作品	作品名	箱の家-23［大森邸］	箱の家-29［中村邸］	箱の家-33［佐藤邸］	箱の家-34［中村邸］
	所在地	神奈川県鎌倉市	神奈川県鎌倉市	東京都世田谷区	大阪府和泉市
	主要用途	住宅+アトリエ	専用住宅	専用住宅	専用住宅
	家族構成	夫婦+子供2人	夫婦+子供2人	夫婦+子供2人	夫婦+子供2人
設計		難波和彦+界工作舎	難波和彦+界工作舎	難波和彦+界工作舎	難波和彦+界工作舎
構造		難波和彦+界工作舎	難波和彦+界工作舎	播設計室	播設計室
施工		三品工務店	西田建設	三品工務店	マサキ工務店
構造・構法	主体構造・構法	木造在来工法	木造在来工法	木造(集成材SE工法)	木造(集成材SE工法)
	基礎	鉄筋コンクリート布基礎	鉄筋コンクリート布基礎	鉄筋コンクリートベタ基礎	鉄筋コンクリートベタ基礎
規模	階数(階)	地上2	地上2	地下1　地上2	地上2
	高さ	軒高　5.37m　最高高さ　6.57m	軒高　6.93m　最高高さ　7.08m	軒高　6.73m　最高高さ　7.03m	軒高　5.47m　最高高さ　5.77m
	敷地面積	201.60㎡	154.77㎡	124.17㎡	372.01㎡
	建築面積	104.49㎡(建蔽率51.83%　許容60%)	60.5㎡(建蔽率39.09%　許容40%)	60.75㎡(建蔽率48.92%　許容50%)	119.25㎡(建蔽率32.06%　許容60%)
	延床面積	136.08㎡(容積率67.50%　許容160%)	122.85㎡(容積率79.37%　許容80%)	123.12㎡(容積率99.15%　許容100%)	142.43㎡(容積率38.29%　許容200%)
	1階	89.91㎡	62.37㎡	25.92㎡(駐車場を含む)	82.81㎡
	2階	54.27㎡(バルコニー含む)	60.48㎡	60.75㎡ 64.80㎡(屋外室含む)	69.56㎡(バルコニー含む)
工程	設計期間	1997.5-1998.3	1998.1-1998.6	1998.12-1999.5	1999.1-1999.6
	工事期間	1998.4-1998.10	1998.6-1998.11	1999.6-1999.11	1999.7-1999.12
敷地条件	地域地区	第1種住居地域　準防火地域	第1種低層住居地域　法22条地域 宅地造成規制地域	第1種低層住居地域　準防火地域 第1種高度地区	第1種住居地域　法22条地域
	道路幅員	南　4.0m	西　6.18m	北　5.45m	東　11.59m
工費	建築	21,048,000	19,322,000	21,636,500	21,455,000
	電気	683,000	2,270,000	965,500	2,022,000
	空調	2,374,000		2,092,000	1,434,000
	外構・造園	645,000	別途	85,000	586,000
	衛生	2,393,000	3,365,000	2,498,000	2,052,000
	家具・什器			750,000	
	その他	1,357,000	2,193,000	2,273,000	3,066,000
	総工費	28,500,000	27,150,000	30,300,000	30,615,000
	坪単価	653,000	730,000	661,000	664,000
	公的融資	なし		住宅金融公庫	住宅金融公庫
外部仕上げ	屋根	シート防水(アーキヤマデ)	ｶﾞﾙﾊﾞﾘｳﾑ鋼板0.4ｔ立ハゼ葺	シート防水(アーキヤマデ)	シート防水(田島ルーフィング)
	外壁	中空成形セメント板 ア15mm横張り 素地仕上げ (住友大阪セメント)	納戸屋根:シート防水 ﾗﾑﾀﾞ ア15mm横張り 素地仕上げ (住友大阪セメント)	ベルダサイディング　ア15mm横張り 素地仕上げ (住友大阪セメント)	中空成形セメント板 ア15mm横張り 素地仕上げ (昭和電工)
	開口部	アルミサッシュ(YKKエクシマ)+透明ガラス ア5mm アルミ押縁 ア5mm×W50＋透明ガラス ア6mm	アルミサッシュ新日軽鉄骨用(シルバー色) ｽﾁｰﾙｻｯｼ:ＰＬ-1.6ｔ加工錆止OP 力骨ＰＬ-2.3ｔ　ｽﾃﾝﾚｽﾚｰﾙ	アルミサッシュ(YKKエクシマ)+ 透明ガラス ア6mm　一部型板ガラス アルミ押縁 ア5mm×W50＋透明ガラス ア8mm,ア10mm FIX	アルミサッシュ(YKKエクシマ)+ 透明ガラス ア5mm アルミ押縁 ア5mm×W50＋ 透明ガラス ア8mm FIX
	その他	駐車場床:コンクリート平板敷き 玄関道:コンクリート平板敷き 濡れ縁:縁甲板 防腐塗料塗布	FIX部分押縁:アルミＰＬ5ｔｽﾃﾝﾚｽﾋﾞｽ止 玄関道:ﾓﾙﾀﾙ ア120の上ﾓﾙﾀﾙ金ｺﾞﾃ目地切 ﾍﾞﾗﾝﾀﾞ:シート防水軽歩行用	屋外室床:ｼｰﾄ防水の上　縁甲板 防腐塗料塗布	駐車場床:土間コンの上　モルタル金ゴテ仕上 屋外室床:縁甲板 防腐塗料塗布
内部仕上げ	部屋名	家族室・SOHO・寝室・子供室	玄関	居間・食堂・待合・脱衣室・寝室・個室	家族室・SOHO・寝室・子供室
	床	フレキシブルボードア8mm UC	土間コン ア120　ﾓﾙﾀﾙ金ｺﾞﾃ仕上　ﾋﾞｰ玉埋込	フレキシブルボードア8mm UC	フレキシブルボードア8mm UC
	壁	フレキシブルボード ア6mmV目字突付	シナベニヤ ア6　Ｖ目地突付ＣＬ	シナベニア ア6mmV目字突付 AEP CL	シナベニア ア6mmV目字突付 AEP CL
	天井	フレキシブルボード ア6mmV目字突付	シナベニヤ ア6　Ｖ目地突付ＣＬ	シナベニア ア6mmV目字突付 AEP CL	シナベニア ア6mmV目字突付 AEP CL
	部屋名	和室	廊下・個室	茶室・水屋	和室
	床	フチナシ畳ア60mm	ｶﾈﾗｲﾄﾌｫｰﾑ ア40　ﾌﾛｰﾘﾝｸﾞ ア15	本畳ア60mm	フチナシ畳ア60mm
	壁	フレキシブルボード ア6mmV目字突付	シナベニヤ ア6　Ｖ目地突付ＣＬ	シナベニア ア6mmV目字突付 AEP CL	シナベニア ア6mmV目字突付 AEP CL
	天井	フレキシブルボード ア6mmV目字突付	シナベニヤ ア6　Ｖ目地突付ＣＬ	シナベニア ア6mmV目字突付 AEP CL	シナベニア ア6mmV目字突付 AEP CL
	部屋名	浴室	浴室	浴室	浴室
	床	床用タイル150角(INAX)	床用タイル150角　ｶﾈﾗｲﾄﾌｫｰﾑ ア40	床用タイル150角(INAX)	床用タイル150角(INAX)
	壁	壁用タイル150角(INAX)	壁用タイル150角　下地ラスカット ア12	壁用タイル150角(INAX)	壁用タイル150角(INAX)
	天井	フレキシブルボードア8mm UP	バスリブ　断熱材 ア100	バスパネル ア9mm	バスパネル ア9mm
	部屋名		倉庫		
	床		ラワンベニヤ ア15　UC		
	壁		シナベニヤ ア6　Ｖ目地突付ＣＬ		
	天井		シナベニヤ ア6　Ｖ目地突付ＣＬ		
	部屋名				
	床				
	壁				
	天井				
設備システム	空調	暖房方式/温水床暖房　東京ガス　TES 冷房方式/電気空冷ﾋｰﾄﾎﾟﾝﾌﾟ方式(ﾀﾞｲｷﾝ) 換気方式/直接換気式(三菱)	暖房方式/温水床暖房　東京ガス　TES 冷房方式/電気空冷ﾋｰﾄﾎﾟﾝﾌﾟ方式(ﾀﾞｲｷﾝ) 換気方式/直接換気式(三菱)	暖房方式/温水床暖房　東京ガス　TES 冷房方式/電気空冷ﾋｰﾄﾎﾟﾝﾌﾟ方式(ﾀﾞｲｷﾝ) 換気方式/直接換気式(三菱)	暖房方式/温水床暖房　大阪ガス　TES 冷房方式/電気空冷ﾋｰﾄﾎﾟﾝﾌﾟ方式(ﾀﾞｲｷﾝ) 換気方式/直接換気式(三菱)
	給湯	給湯方式/ガス温水暖房ｼｽﾃﾑ　東京ガスTES	給湯方式/ガス温水暖房ｼｽﾃﾑ　東京ガスTES	給湯方式/ガス温水暖房ｼｽﾃﾑ　東京ガスTES	給湯方式/ガス温水暖房ｼｽﾃﾑ　大阪ガスTES
	給排水	給水方式/上水道直結 排水方式/直接放流　合併浄化槽	給水方式/上水道直結 排水方式/直接放流　合併浄化槽	給水方式/上水道直結 排水方式/直接放流　合併浄化槽	給水方式/上水道直結 排水方式/直接放流
主な使用機器	衛生機器	浴槽:PNS1300,便器:C790+S790B, 洗面器:L830(TOTO)	浴槽:PNS1300,便器:C790 洗面器:L832(TOTO)	浴槽:PNS1300,便器:C790+S790B, 洗面器:L830(TOTO)	浴槽:VBR-1410HP,便器:BC-130SU, 洗面化粧台:HDN-755(INAX)
	厨房機器	GE-BH10S+NE-B601(ナショナル)	ｶﾞｽｺﾝﾛ　ｵｰﾌﾞﾝﾚﾝｼﾞ	GE-BH10S+NE-B701(ナショナル)	GE-BH11S+NE-B702(ナショナル)
	照明	(オーデリック)(マックスレイ), (ヤマギワ)(ナショナル)	(オーデリック)(マックスレイ), (ヤマギワ)(ナショナル)	(オーデリック)(マックスレイ), (ヤマギワ)(ナショナル)	(オーデリック)(マックスレイ), (ヤマギワ)(ナショナル)
	建築金物	レバーハンドル・シリンダー錠:LA-66型(美和ロック)	レバーハンドル・シリンダー錠:LA-66型(美和ロック)	レバーハンドル・シリンダー錠:LA-66型(美和ロック)	レバーハンドル・シリンダー錠:LA-66型(美和ロック)
	その他	インターフォン/IE-JA(アイホン) ブラインド/ニューシルキー,ラインドレープ (タチカワ)	インターフォン/IE-JA(アイホン) ブラインド/ニューシルキー,ラインドレープ (タチカワ)	インターフォン/IE-JA(アイホン) ブラインド/ニューシルキー,ラインドレープ (タチカワ)	インターフォン/IE-JA(アイホン) ブラインド/ニューシルキー,ラインドレープ (タチカワ)

箱の家-36 [M邸]

富山県富山市
専用住宅
夫婦+子供2人

難波和彦+界工作舎
播設計室
坂本工務店

木造(在来工法)
鉄筋コンクリートベタ基礎

地上2
軒高 5.97m 最高高さ 6.92m
286.17㎡
108.00㎡(建蔽率37.74% 許容60%)
137.43㎡(容積率48.02% 許容180%)
88.70㎡
60.21㎡(バルコニー含む)

1999.1-2000.2
2000.3-2000.8

建築協定地域 土地区画整理法

南 9.0m

17,272,865
3,213,860
1,210,000
900,160
2,409,090
3,420,360
1,308,665
29,735,000
660,000
年金住宅融資

ガルバリウム鋼板立ハゼ葺(ヨドコウ)

中空成形セメント板 715mm横張り 素地仕上げ
(昭和電工)
アルミサッシュ(YKKエクシマ)+
透明複層ガラス 75mm,7 5 mm一部型板ガラス
アルミ押縁 75mm×W50 +
透明複層ガラス 75mm,7 5 mm FIX
駐車場:モルタル金ゴテ目地切り
ぬれ縁:縁甲板 防塵塗料塗布
バルコニー床:塩ビデッキボード(トステム)

居間・食堂・台所・脱衣室
コルクタイル75mm
シナベニア 76mmV目字突付 AEP CL
シナベニア 76mmV目字突付 AEP CL

寝室・子供室・納戸
フレキシブルボード78mmV目字突付 UC
シナベニア 76mmV目字突付 AEP CL
シナベニア 76mmV目字突付 AEP CL

和室
床暖房用畳715mm
シナベニア 76mmV目字突付 AEP CL
シナベニア 76mmV目字突付 AEP CL

暖房方式/アクアレイヤーヒーティングシステム(イゼナ)
冷房方式/電気空冷ヒートポンプ方式(ダイキン)
換気方式/直接換気式(三菱)
給湯方式/電気温水システム(東芝)
給水方式/上水道直結
排水方式/直接放流

浴槽:PNS1300,便器:C790
洗面器:L830(TOTO)
(ナショナル)
(オーデリック)(マックスレイ),
(ヤマギワ)(ナショナル)
レバーハンドル・シリンダー錠:LA-66型(美和ロック)
インターフォン/IE-JA(アイホン)
ブラインド/ニューシルキー,ラインドレープ
(タチカワ)

箱の家-37 [Y邸]

東京都目黒区
専用住宅
夫婦+子供1人

難波和彦+界工作舎
難波和彦+界工作舎
米倉工務店

在来木造工法
鉄筋コンクリート布基礎

地上2
軒高 6.02m 最高高さ 6.09m
83.75㎡
40.95㎡(建蔽率48.90% 許容50%)
80.33㎡(容積率95.91% 許容100%)
39.38㎡
44.10㎡

1999.2-1999.11
1999.12-2000.6

第一種低層住居専用地域

北 5.45m

12,550,860
830,456
96,000
226,400
2,728,437
448,980
2,421,645
19,302,778
723,000
なし

ガルバリウム鋼鈑 70.4mm立はぜ葺
(ヨドコウ)
ラムダサイディング 715mm横張り 素地仕上げ
(昭和電工)
アルミサッシュ(トステム)+透明ガラス
76mm 一部型板ガラス
駐車場・犬走り:砂利敷き 7100mm
バルコニー床:塩ビデッキ30t(トステム)

玄関
モルタル金ゴテ
シナベニア 76mmV目字突付け AEP
シナベニア 76mmV目字突付け AEP

食堂・台所・脱衣室・便所
コルクタイル75mm(床暖房用)
シナベニア 76mmV目字突付け AEP
シナベニア 76mmV目字突付け AEP

寝室・子供室・納戸・2階廊下
コルクタイル75mm(床暖房用)
シナベニア 76mmV目字突付け AEP
シナベニア 76mmV目字突付け AEP

暖房方式/温水床暖房 東京ガスTES
換気方式/直接換気式(三菱)

給湯方式/ガス温水暖房システム 東京ガスTES
給水方式/上水道直結
排水方式/直接放流

便器:C790+S791B,洗面器:L830(TOTO)
UB-1670FSM-L-CR(INAX)
MA-A463FP-CHR(東京ガス)
MD2159-01(マックスレイ)
B4002B,B4001B(ヤマギワ),LBJ70081(ナショナル)
レバーハンドル・シリンダー錠:
LA-66型(美和ロック)
インターフォン/IE-JA(アイホン)

箱の家-39 [田中邸]

東京都杉並区
専用住宅
夫婦+子供2人

難波和彦+界工作舎
佐々木睦朗構造計画研究所
平成建設

鉄筋コンクリート造
鉄筋コンクリートベタ基礎

地下1 地上3
軒高 7.99m 最高高さ 8.67m
66.86㎡
51.31㎡(建蔽率76.74% 許容80%)
173.59㎡(容積率182.89% 許容240%)
51.31㎡ 1階 49.13㎡
39.09㎡(バルコニー含む)
34.12㎡

1999.7-1999.12
2000.1-2000.8

近隣商業地域 防火地域
第3種高度地区
東 4.0m

30,420,000
2,000,000
2,300,000
250,000
3,470,000

4,757,000
43,197,000
823,000

FRP防水

型枠兼用断熱材 760mm(アキレス)の上
ガルバリウム鋼板 70.4mm角波板張り(ヨドコウ)
アルミサッシュ(YKK)+複層ガラス
アルミ押縁 75mm×W50 + 複層ガラス FIX
犬走り:土間コンの上 モルタル金ゴテ仕上げ
テラス床:塩ビデッキボード(トステム)

居間・食堂・台所・寝室
コルクタイル75mm
RC打放AC/シナベニア V目字突付 AEP CL
RC打ち放しAC

子供室
ラワンベニア 715mm AEP CL
RC打ち放しAC
RC打ち放しAC

スタジオ
モルタル金ゴテ仕上げ 防塵塗装
RC打ち放しパテしごきAC
RC打ち放しパテしごきAC

浴室
床用タイル150角(INAX)
壁用タイル150角(INAX)
フレキシブルボード 76mm VP

暖房方式/アクアレイヤーヒーティングシステム(イゼナ)
冷房方式/電気空冷ヒートポンプ方式(ダイキン)
換気方式/直接換気式(三菱)
給湯方式/ガス温水暖房システム東京ガスTES
給水方式/上水道直結
排水方式/直接放流

浴槽:PNS1540,便器:C790+S790B,
洗面器:L830,(TOTO)
(ナショナル)
(オーデリック)(マックスレイ),
(ヤマギワ)(ナショナル)
レバーハンドル・シリンダー錠:LA-66型(美和ロック)
テレビドアホン/HA-S70BK-W(ナショナル)
ブラインド/ニューシルキー,ラインドレープ
(タチカワ)

箱の家-40 [山崎邸]

千葉県習志野市
専用住宅
夫婦

難波和彦+界工作舎
播設計室
小川共立建設

木造(集成材SE工法)
鉄筋コンクリートベタ基礎

地上2
軒高 5.37m 最高高さ 5.67m
114.71㎡
56.70㎡(建蔽率49.43% 許容50%)
87.04㎡(容積率75.88% 許容100%)
51.84㎡
35.20㎡

1999.10-2000.2
2000.3-2000.8

第一種低層住居専用地域

東 6.0m

12,584,900
900,000
525,000
240,000
2,353,100
863,200
2,143,550
19,609,750
693,000
なし

シート防水(東洋ゴム工業)

ラムダサイディング 715mm横張り 素地仕上げ
(昭和電工)
アルミサッシュ(YKK)+透明複層ガラス
75,75mm 一部型板ガラス
アルミ押縁75×W50+透明複層ガラス75,75FIX
犬走り:砕石敷き 7100mm

玄関
モルタル金ゴテ
シナベニア 76mmV目字突付け AEP CL
構造用合板728mm AEP CL

食堂・台所
フレキシブルボード78mm UC
シナベニア 76mmV目字突付け AEP CL
構造用合板728mm AEP CL

居間・寝室
フレキシブルボード78mm UC
シナベニア 76mmV目字突付け AEP CL
OSBアラワシ AEP CL

納戸
構造用合板728mm UC
シナベニア 76mmV目字突付け AEP CL
OSBアラワシ AEP CL

暖房方式/アクアレイヤーヒーティングシステム イゼナ
冷房方式/電気空冷ヒートポンプ方式(ダイキン)
換気方式/直接換気式(三菱)
給湯方式/ガス温水暖房システム 習志野ガス
給水方式/上水道直結
排水方式/直接放流

便器:C790+S790B,手洗器:L593(TOTO)
UB-1670FSM-R-L(INAX
(ナショナル)(オーデリック)
(マックスレイ)(ヤマギワ)(コイズミ)

レバーハンドル・シリンダー錠:LA-66型(美和ロック)
インターフォン/子機MK-DS/A(アイホン)、
ブラインド/ニューシルキー,ラインドレープ
(タチカワ)

箱の家-41 [Y邸]

東京都杉並区
専用住宅
夫婦+親1人

難波和彦+界工作舎
播設計室
林工務店

木造(集成材SE工法)
鉄筋コンクリートベタ基礎

地上2
軒高 5.34m
111.81㎡
53.46㎡(建蔽率47.81% 許容50%)
97.20㎡(容積率86.93% 許容100%)
53.46㎡
63.18㎡
12.96㎡

2000.2-2000.6
2000.7-2000.12

第一種低層住居専用地域

北 5.45m

21,279,370
1,153,868
2,565,160
212,619
2,083,460
858,900
1,942,743
30,096,120
702,000
なし

ガルバリウム鋼鈑 70.4mm立はぜ葺
(ヨドコウ)
ラムダサイディング 715mm横張り 素地仕上げ
(昭和電工)
アルミサッシュ(YKK)+透明複層ガラス
75,75mm 一部型板ガラス
アルミ押縁75×W50+透明複層ガラス75,75FIX
犬走り:砕石敷き 7100mm
テラス床:米栂スノコ敷キシラデコール塗布
バルコニー床:塩ビデッキボード(トステム)

玄関・納戸・廊下・脱衣室・便所
フレキシブルボード78mm UC
シナベニア 76mmV目字突付け AEP CL
シナベニア 76mmV目字突付け AEP CL

居間・食堂・台所・個室・寝室
フレキシブルボード78mm UC
シナベニア 76mmV目字突付け AEP CL
シナベニア 76mmV目字突付け AEP CL

浴室
床用タイル150角(INAX)
壁用タイル150角(INAX)
バスパネル 79mm

暖房方式/温水床暖房 東京ガスTES
冷暖房方式/電気空冷ヒートポンプ方式(ダイキン)
換気方式/直接換気式(三菱)
給湯方式/ガス温水暖房システム 東京ガスTES
給水方式/上水道直結
排水方式/直接放流

浴槽:PNS1300,便器:C790+S790B,
洗面器:L830,L851C(TOTO)
RN-A463-HL,RN-660LB(東京ガス)
(オーデリック)(マックスレイ)
(ヤマギワ)(コイズミ)(ナショナル)
レバーハンドル・シリンダー錠:LA-66型(美和ロック)
インターフォン/IE-JA(アイホン)
ブラインド/ニューシルキー,ラインドレープ
(タチカワ)、アルペジオ(ニチベイ)

難波和彦「箱」の構築

2001年6月20日 初版第1刷発行
2003年5月10日 初版第2刷発行
企画・編集 ——— ギャラリー・間
著者 ——— 難波和彦
発行者 ——— 舛石真一
発行所 ——— TOTO出版(東陶機器株式会社 文化推進部)
〒107-0062 東京都港区南青山1-24-3 TOTO乃木坂ビル2F
TEL:03-3402-7138 FAX:03-3402-7187
http://www.toto.co.jp/bookshop/
AD ——— 田中一光
デザイン ——— 田中一光/大内 修
撮影 ——— 坂口裕康
印刷・製本 ——— 大日本印刷株式会社

Printed in Japan ISBN4-88706-199-4